PARA CASAIS

Dados Internacionais de Catalogação na Publicação (CIP)
(Câmara Brasileira do Livro, SP, Brasil)

Lucereau, Bénédicte
　Palavras da Bíblia para casais / Bénédicte Lucereau ; tradução Francisco Morás. – Petrópolis, RJ : Vozes, 2020.

　Título original: Paroles de la Bible pour les couples
　Bibliografia.
　ISBN 978-85-326-6456-3

　1. Casais – Aspectos religiosos 2. Catequese – Ensino bíblico 3. Cristianismo 4. Espiritualidade 5. Pastoral – Cristianismo I. Título.

20-33426　　　　　　　　　　　　　　　　　　　　　　　CDD-248.844

Índices para catálogo sistemático:
1. Casais : Espiritualidade : Vida cristã :
Cristianismo 248.844
Maria Alice Ferreira - Bibliotecária - CRB-8/7964

Bénédicte Lucereau

PARA CASAIS

TRADUÇÃO DE
Francisco Morás

Petrópolis

© AELF para os textos litúrgicos
© 2019, Groupe Elidia
Éditions Artège
10, rue Mercouer – 75011 Paris
9, espace Méditerranée – 66000 Perpignan
www.editionsartege.fr

Título do original em francês: *Paroles de la Bible pour les couples*

Direitos de publicação em língua portuguesa – Brasil:
2020, Editora Vozes Ltda.
Rua Frei Luís, 100
25689-900 – Petrópolis, RJ
www.vozes.com.br
Brasil

Todos os direitos reservados. Nenhuma parte desta obra poderá ser reproduzida ou transmitida por qualquer forma e/ou quaisquer meios (eletrônico ou mecânico, incluindo fotocópia e gravação) ou arquivada em qualquer sistema ou banco de dados sem permissão escrita da editora.

CONSELHO EDITORIAL

Diretor
Gilberto Gonçalves Garcia

Editores
Aline dos Santos Carneiro
Edrian Josué Pasini
Marilac Loraine Oleniki
Welder Lancieri Marchini

Conselheiros
Francisco Morás
Ludovico Garmus
Teobaldo Heidemann
Volney J. Berkenbrock

Secretário executivo
João Batista Kreuch

Diagramação: Victor Mauricio Bello
Revisão gráfica: Licimar Porfírio
Capa: Érico Lebedenco

ISBN 978-85-326-6456-3 (Brasil)
ISBN 979-10-336-0887-5 (França)

Editado conforme o novo acordo ortográfico.

Este livro foi composto e impresso pela Editora Vozes Ltda.

Sumário

Introdução, 15

ANTIGO TESTAMENTO, 17

1. Gênesis – 1,26-28.31
Homem e mulher os criou: diferentes e complementares, **19**

2. Gênesis – 2,18-24
Eles serão uma só carne: um mais um são dois, **21**

3. Gênesis – 3,1-13
Adão e Eva: cumplicidade no mal, acusação do outro, não mais depender de Deus, **23**

4. Gênesis – 9,9-17
Noé e sua família: corresponsabilidade na criação, o casal justo abençoado por Deus, a Aliança, **25**

5. Gênesis – 12,1-5
Abraão e Sara ouvem a Deus e lhe obedecem, **27**

6. Gênesis – 15,1-6
A fé de Abraão diante da infertilidade de sua parceira, **29**

7. Gênesis – 16,1-11
Abraão e Sara: questões éticas, mãe de aluguel, ciúmes, infidelidade, **31**

8. Gênesis – 24,48-67
Isaac amou Rebeca e foi consolado pela morte de sua mãe, **33**

9. Deuteronômio – 6,4-9
Colocar Deus no centro da vida e da vida conjugal, **35**

10. Deuteronômio – 7,6-9.13
Consagrados um ao outro, e a Deus, pelo matrimônio, **37**

11. Tobias – 7,9-14
Casamento de Tobias e Sara, **39**

12. Tobias – 8,4-8
   Que possamos viver felizes os dois juntos até os dias de nossa velhice, **41**

13. Salmo 33(32) – 12.18.20-22
   Oração de louvor, **43**

14. Salmo 34(33) – 2-9
   Deus é um refúgio em nossas aflições, **45**

15. Salmo 51(50) 3-14
   Tem piedade de mim, meu Deus, **47**

16. Salmo 103(102) 1-2.8.13.17-18
   O Senhor é clemente e misericordioso, **49**

17. Salmo 103(102) 3-16
   Deus não mantém para sempre suas recriminações, **51**

18. Salmo 112(111) 1-9
   Feliz quem teme o Senhor e muito se compraz em seus mandamentos, **54**

19. Salmo 116(114-115) 1-9
   Fracos e miseráveis, o Senhor não nos deixa pisar em falso, **56**

20. Salmo 127(126) 1-5
   Deus abençoa o casal em seus filhos, **58**

21. Salmo 128(127) 1-5
   Eis como será abençoado o homem que teme o Senhor, **60**

22. Salmo 145(144) 8-10.15.17-18
   O Senhor está próximo daqueles que o invocam, **62**

23. Salmo 148 – 1-4.9-14
   Louvar a Deus a dois, **64**

24. Provérbios – 5,7-23
   Prudência e castidade, **66**

25. Provérbios – 31,10-13.19-20.30-31
   A mulher que teme o Senhor é digna de louvor, **68**

26. Eclesiastes – 3,1-9
   Há um tempo para tudo, **70**

27. Eclesiastes – 4,6-12
   De que serve trabalhar como loucos?, **72**

28. Eclesiastes – 5,9-16
   O dinheiro escraviza, **74**
29. Cântico dos Cânticos – 2,8-10.14.16; 8,6-7
   O amor é forte como a morte, **76**
30. Sabedoria – 3,9-13
   A confiança em Deus e a fidelidade conjugal nos faz felizes, **78**
31. Sabedoria – 7,7-16
   Buscar a sabedoria: eis o segredo da felicidade!, **80**
32. Eclesiástico – 2,1-9
   Preparar-se para a provação, **82**
33. Eclesiástico – 3,1-6.12-14
   Honrar seus pais em sua velhice, **84**
34. Eclesiástico – 4,28–5,7
   Domine as paixões e recorra à misericórdia de Deus, **86**
35. Eclesiástico – 9,1-9
   Proteger a fidelidade no casamento, **89**
36. Eclesiástico – 11,7-10
   Diálogo conjugal, **91**
37. Eclesiástico – 26,1-4.13-16
   Feliz o homem que tem uma boa esposa, **93**
38. Eclesiástico – 30,21-25
   Alegria do coração, fonte de vida, **95**
39. Isaías – 5,1-7
   O canto da vinha: tristeza do desamor, **97**
40. Isaías – 25,6-9
   Festim das bodas, **99**
41. Isaías – 29,13-14
   Seu coração está longe de mim, **101**
42. Isaías – 40,28-31; 41,13
   Deus reconforta os casais que não se aturam mais, **103**
43. Isaías 43,18-21
   Esquecer o passado, **105**

44. Isaías – 43,13-18
Deus consola e cuida de nossa vida a dois, **107**

45. Isaías – 50,4-9
Deus inspira nossas palavras diante dos aborrecimentos ou em face do esgotamento do outro, **109**

46. Isaías – 58,13-14
Honrar na vida do casal o domingo, **111**

47. Isaías – 60,15-19
Promessa de restauração, declaração de amor, **113**

48. Isaías – 62,3-6
O Senhor te desposará, **115**

49. Isaías – 62,4-6
Deus apaixonado por cada cônjuge, **117**

50. Isaías – 65,17-21
Promessa de prosperidade, **119**

51. Isaías – 66,12-14
Promessa de paz, **121**

52. Jeremias – 17,5-10
Cuidar de seu cônjuge sem idolatrá-lo, **123**

53. Jeremias – 31,31-34
"Concluirei convosco uma Aliança nova", **125**

54. Ezequiel – 3,17-21
Correção fraterna a dois, **127**

55. Ezequiel – 36,25-29
Deus derrama seu Espírito sobre nossa vida a dois, **129**

56. Oseias – 11,1-4.7-9
O amor vencerá a infidelidade, **131**

57. Ageu – 1,4-9
Deus: primeiro a ser servido, **133**

NOVO TESTAMENTO, 135

58. Mateus – 1,18-25
    José e Maria: o amor expulsa o medo. Confiança na Providência, **137**

59. Mateus – 5,1-12
    A felicidade das bem-aventuranças a dois, **139**

60. Mateus – 5,13-14
    Vós sois o sal da terra, **141**

61. Mateus – 5,15-16
    Chamados a ser testemunhas do amor, **143**

62. Mateus – 5,21-24
    Pedir perdão antes de ir à missa, **145**

63. Mateus – 5,27-29
    Pureza do olhar para permanecer fiel do fundo do coração..., **147**

64. Mateus – 5,37-39
    Honrar as próprias promessas, **149**

65. Mateus – 7,21-29
    Construir a casa sobre a rocha, **151**

66. Mateus – 8,23-27
    Jesus acalma a tempestade, **153**

67. Mateus – 9,10-13
    Jesus come com os pecadores, **155**

68. Mateus – 11,28-30
    Jesus, manso e humilde de coração, **157**

69. Mateus – 13,24-30
    Parábola do joio, **159**

70. Mateus – 16,24-28
    Perder a própria vida por seu esposo, por sua esposa, **161**

71. Mateus – 17,18-21
    Colocar-se de acordo enquanto casal, **163**

72. Mateus – 18,21-30
 Perdoar até setenta vezes sete de todo o coração, **165**

73. Mateus – 18,19-20
 Oração a dois, **167**

74. Mateus 19,3-6
 O que Deus uniu que o homem não separe, **169**

75. Mateus – 19,13-15
 Jesus e as crianças, **171**

76. Mateus – 22,35-40
 Amar a Deus e a seu cônjuge é o mesmo amor, **173**

77. Mateus – 24,37-44
 Vigiar, pois a morte pode visitar um dos cônjuges, **175**

78. Mateus – 25,31-46
 O amor e o juízo final, **177**

79. Marcos – 6,7-13
 Envio em missão dois a dois, **179**

80. Marcos – 10,6-9
 Já não serão mais dois, mas uma só carne, **181**

81. Lucas – 1,39-45
 Maria, mãe de Deus, visita nossos casais, **183**

82. Lucas – 2,41-52
 O casal Maria e José, pais do adolescente, **185**

83. Lucas – 6,31-35
 Amor aos inimigos e convite a ser entre esposos misericordiosos, **187**

84. Lucas – 6,36-38
 Não julgar o outro, **189**

85. Lucas – 6,39-42
 O cisco e a trave, **191**

86. Lucas – 10,25-37
 Olhar para seu cônjuge como seu próximo mais próximo, **193**

87. Lucas – 10,38-42
   Marta e Maria: não se equivocar, **195**

88. Lucas – 12,22-32
   Abandonar-se enquanto casal à Providência, **197**

89. Lucas – 17,3-4
   O perdão na vida a dois, **199**

90. Lucas – 18,9-14
   Colocar-se em último lugar na vida conjugal, **201**

91. João – 2,1-11
   Casamento em Caná da Galileia, **203**

92. João – 13,1-17
   Lavar-se os pés uns aos outros, **205**

93. João – 15,9-12
   Permanecer no amor de Deus para amar meu cônjuge, **207**

94. João – 15,12-16
   Amar é doar-se!, **209**

95. João – 17,20-26
   Para que sejam perfeitos na unidade..., **211**

96. Romanos – 8,31-39
   Quem nos separará do amor de Cristo?, **213**

97. Romanos – 12,1-18
   Entregar-se de corpo e alma ao seu cônjuge e a Deus, **215**

98. Romanos – 15,5-13
   Agir e falar com o outro unicamente em vista do Bem, **217**

99. 1Coríntios – 6,13-20
   Vosso corpo é o templo do Espírito Santo, **219**

100. 1Coríntios – 13,1-8
   Sem amor nossa vida a dois é vazia de sentido, **221**

101. Gálatas – 5,22-26
   Viver os frutos do Espírito a dois, **223**

102. Efésios – 4,1-3
   Suportar-se com amor, **225**

103. Efésios – 4,4-6
   Convite à unidade e à Paz, **227**

104. Efésios – 5,21-33
   Matrimônio, o sacramento do amor, **229**

105. Filipenses – 2,1-11
   Tender para uma unidade maior, **231**

106. Filipenses – 4,4-9
   Alegria no Senhor, elemento decisivo do amor conjugal, **233**

107. Colossenses – 3,8-15
   Livrar-se da ira, das paixões, dos propósitos grosseiros, **235**

108. Colossenses – 3,12-17
   Acima de tudo isso, que haja amor: é ele que faz a unidade na perfeição, **237**

109. 1Tessalonicenses – 4,3-9
   Castidade, caminho de santidade, **239**

110. Hebreus – 13,1-6
   Considerai o matrimônio com respeito, **241**

111. Tiago – 1,19-22
   Moderar a própria ira, **243**

112. Tiago – 3,2-10
   Desconfiar das próprias palavras, **245**

113. 1Pedro – 1,13-19
   Convite à santidade pessoal e como casal, **247**

114. 1Pedro – 3,1-7
   Submissão amorosa no matrimônio, **249**

115. 1Pedro – 3,8-9
   Viver a caridade conjugal, **251**

116. 1Pedro – 5,5-11
   A felicidade conjugal não evita os sofrimentos, **253**

117. 1João – 3,18-24
   Devemos amar com obras e de verdade, **255**

118. 1João – 4,7-12
   Deus é amor, **257**

119. 1João – 4,16-21
   Amar com o mesmo amor de Deus é doar a própria vida, **259**

120. Apocalipse – 19,1-9
   Felizes os convidados para o banquete das núpcias do Cordeiro, **261**

Índice temático, 263

Introdução

Deus fala. Ainda hoje nos fala. Na *Amoris Laetitia* n. 22, o papa Francisco diz que "a Palavra de Deus não se apresenta como uma sequência de teses abstratas, mas como uma companheira de viagem, mesmo para as famílias que estão em crise ou imersas em alguma tribulação, mostrando-lhes a meta do caminho, quando Deus enxugar 'toda lágrima dos seus olhos. A morte não existirá mais, e não haverá mais luto, nem grito, nem dor' (Ap 21,4)". Ao longo de toda a Bíblia existem passagens que falam do casal, que relatam histórias de casais, e que falam aos casais.

Os extratos escolhidos aqui para serem meditados individualmente ou a dois, são acompanhados de um curto comentário, seguido de questões para caminhar e alimentar o diálogo conjugal, ou de uma oração, ou de uma resolução a ser tomada individualmente ou a dois. Um livro de cabeceira, no qual Deus fala aos casais e se dirige a eles na particularidade de sua vocação: o matrimônio.

1

Gênesis 1,26-28.31

Homem e mulher os criou: diferentes e complementares

Deus disse: Façamos o ser humano à nossa imagem e segundo nossa semelhança, para que domine sobre os peixes do mar, as aves do céu, os animais domésticos, todos os animais selvagens e todos os répteis que rastejam sobre a terra. Deus criou o ser humano à sua imagem, à imagem de Deus o criou, macho e fêmea ele os criou. E Deus os abençoou e lhes disse: "Sede fecundos e multiplicai-vos, enchei a terra e submetei-a! Dominai sobre os peixes do mar, as aves do céu e tudo que vive e se move sobre a terra". E Deus viu tudo quanto havia feito e achou que era muito bom.

MEDITAÇÃO PARA O CASAL

Deus não somente criou o homem e a mulher à sua imagem para que pessoalmente fossem semelhantes a ele por seus olhares, por seus gestos, pela capacidade de comunicar pela palavra, pelo olhar, pelo serviço e pelo amor fraterno, mas para que esse conjunto, homem-mulher, em sua relação de amor, em sua afeição mútua, em sua ternura, em sua sexualidade, em sua obra comum, a dois, se assemelhem melhor a Deus, e digam ao mundo inteiro que Deus é Amor, que o sentido da vida é o amor. É graças a essa diferença masculino-feminino que o amor é possível: eu necessito do outro, que me torna mais homem, mais mulher, e que me permite crescer em minha identidade, e em minha vocação pessoal. Não é fácil viver a diferença no cotidiano, pois rapidamente ela pode aborrecer, decepcionar. O amor de alteridade, porém, supera essa diferença, permitindo assim a complementaridade e o desejo.

Para aprofundar

- Que diferença fundamental posso admirar no outro?
- Que traço masculino ou feminino do outro me fala de Deus?
- Tenho alguma dificuldade particular ou alguma diferença a suportar do outro?

2

Gênesis

2,18-24

Eles serão uma só carne: um mais um são dois

E o Senhor Deus disse: "Não é bom que o ser humano esteja só. Vou fazer-lhe uma auxiliar que lhe corresponda". Então o SENHOR Deus formou da terra todos os animais selvagens e todas as aves do céu, e os trouxe ao ser humano para ver como os chamaria; cada ser vivo teria o nome que o ser humano lhe desse. E o ser humano deu nomes a todos os animais domésticos, às aves do céu e a todos os animais selvagens. Mas não havia para o ser humano uma auxiliar que lhe correspondesse. Então o Deus fez cair um sono profundo sobre o homem e ele adormeceu. Tirou-lhe uma das costelas e fechou o lugar com carne. Depois, da costela tirada do homem, o SENHOR Deus formou a mulher e apresentou-a ao homem. E ele exclamou: "Desta vez sim, é osso dos meus ossos e carne da minha carne! Ela será chamada 'mulher' – Ishsha –, porque foi tirada do homem – Ish". Por isso deixará o homem o pai e a mãe e se unirá à sua mulher e se tornarão uma só carne.

Meditação para o casal

Ser um a dois: eis um grande desafio! Sem destruir, dominar, fundir... Esta é toda a aposta do casal e da vida em comum. Não se trata de relações sexuais: é bem mais profundo! Trata-se da partilha e da entrega por inteiro da própria pessoa ao outro, sem reservas pessoais, num oferecimento de si que faz do matrimônio uma verdadeira vocação, e também um verdadeiro caminho de santidade. Para tanto, urge aprender a abandonar: os pais, as velhas atitudes, as ideias às vezes, a vontade própria, para que não haja senão uma única vontade com o ser amado. O outro jamais será um rival, um "inimigo" a destruir: é um amigo que urge tirar de sua solidão, a má solidão, aquela que encarcera e desespera. Deus sabe que o homem e a mulher não são feitos para a solidão, mas para a relação, da mesma forma que ele, no seio da Trindade. Como posso ser uma ajuda vital para que o outro seja mais versátil, mais ele mesmo?

Para aprofundar

- Como corresponder ao que o outro espera de mim, sem deixar de ser eu mesmo e me respeitando? Podemos conversar sobre isso?
- Estou sempre atento à personalidade de meu cônjuge? À sua beleza interior e exterior?
- Comporto-me tratando o outro "em igual dignidade", sem superioridade? Cada cônjuge é amado por Deus, por um amor incondicional: será que olho para o meu cônjuge como Deus nos olha?

3

Gênesis 3,1-13

Adão e Eva: cumplicidade no mal, acusação do outro, não mais depender de Deus

A serpente era o mais esperto de todos os animais selvagens que o Senhor Deus tinha feito. Ela disse à mulher: "É verdade que Deus disse 'não comais de nenhuma das árvores do jardim'?" E a mulher respondeu à serpente: "Nós podemos comer do fruto das árvores do jardim. Mas do fruto da árvore, que está no meio do jardim, Deus nos disse 'não comais dele nem sequer o toqueis, do contrário morrereis'". A serpente respondeu à mulher: "De modo algum morrereis. Pelo contrário, Deus sabe que, no dia em que dele comerdes, vossos olhos se abrirão e sereis como deuses, conhecedores do bem e do mal". A mulher notou que era tentador comer da árvore, pois era atraente aos olhos e desejável para se alcançar inteligência. Colheu o fruto, comeu e deu também ao marido, que estava junto, e ele comeu. Então os olhos dos dois se abriram; e, vendo que estavam nus, teceram para si tangas com folhas de figueira. Quando ouviram o ruído do Senhor Deus, que passeava pelo jardim à brisa da tarde, o homem e a mulher esconderam-se do Senhor Deus no meio das árvores do jardim. Mas o Senhor Deus chamou o homem e perguntou: "Onde estás?" E este respondeu: "Ouvi teus passos no jardim. Fiquei com medo porque estava nu, e me escondi". Deus perguntou: "E quem te disse que estavas nu? Então comeste da árvore, de cujo fruto te proibi comer?" O homem respondeu: "A mulher que me deste por companheira, foi ela que me fez provar do fruto da árvore, e eu comi". Então o Senhor Deus perguntou à mulher: "Por que fizeste isso?" E a mulher respondeu: "A serpente me enganou e eu comi".

Meditação para o casal

Pois bem, o cálice da desunião e da divisão infiltrou-se no casal. Esse casal, que foi unido por Deus, que vivia seu amor sob o olhar permanente e benevolente de Deus, se separa de Deus e busca viver sua felicidade independentemente dele. Por isso, a rivalidade, os conflitos, a acusação, a recriminação, a raiva, a inveja, a dominação e a sedução enganosa, obras do tentador, vão destruir seu amor. É um amor que vai tornar-se mais terreno, às vezes animal, que não vai mais considerar o outro como uma pessoa de igual dignidade, fonte de respeito e de admiração, mas antes como um objeto de concupiscência, um meio à sua disposição para satisfazer seus próprios desejos e preencher a solidão do vazio existencial. Sempre existe a tentação de usar o outro para o meu próprio bem-estar, para suprir minhas carências e satisfazer minhas necessidades. Ora, necessitamos de Deus, só ele preenche totalmente nossos corações.

Para aprofundar

- Quais são as minhas tentações recorrentes?
- Quais são as da minha esposa, de meu marido?
- Vendo a "nudez do outro", isto é, sua vulnerabilidade, sou um suporte, uma "ajuda vital", ou o aprisiono em seus defeitos por minhas acusações e minhas censuras na esperança de transformá-lo?

4

Gênesis 9,9-17

Noé e sua família: corresponsabilidade na criação, o casal justo abençoado por Deus, a Aliança

"De minha parte, vou estabelecer minha aliança convosco e com vossa descendência com todos os seres vivos que estão convosco, aves, animais domésticos e selvagens, enfim com todos os animais da terra que convosco saíram da arca. Faço convosco a minha aliança: nenhuma vida animal será novamente exterminada pelas águas de um dilúvio e não haverá mais dilúvio para devastar a terra". E Deus disse: "Este é o sinal da aliança que estabeleço entre mim e vós e todos os seres vivos que estão convosco, por todas as gerações futuras. Ponho meu arco nas nuvens, como sinal de aliança entre mim e a terra. Quando cobrir de nuvens a terra, aparecerá o arco-íris nas nuvens. Então eu me lembrarei de minha aliança convosco e com todas as espécies de seres vivos, e as águas não virão mais como dilúvio para destruir a vida animal. Quando o arco-íris estiver nas nuvens, eu o olharei como recordação da aliança eterna entre Deus e todas as espécies de seres vivos que existem sobre a terra". Deus disse a Noé: "Este é o sinal da aliança que estabeleço entre mim e toda a vida animal que existe na terra".

Meditação para o casal

Deus não suporta ver o mal destruir sua criação, sobretudo sua obra-prima, ápice da criação, que é o casal. Ele recria "afogando" o mal, e salvando Noé e sua família, juntamente com um casal de cada espécie de animais para repovoar a terra após o dilúvio. Esta história do Antigo Testamento mostra a que ponto Deus vincula o casal a toda a criação. Um casal que se ama e que "obedece" a Deus é uma luz e um ponto de harmonia para toda a criação. Um casal desunido destrói o conjunto da criação. O amor que gera vida é fonte de paz e de comunhão. Ele testemunha a aliança passada entre Deus e a humanidade. Existe uma solidariedade e uma interdependência entre todos os elementos da criação. Esta antiga Aliança será renovada logo após as infidelidades do homem e da mulher, pela Nova Aliança em Jesus Cristo, vindo ele mesmo nos salvar.

Oração para os esposos

Senhor, nós te apresentamos nossa vida a dois, seus altos e baixos, nosso amor. Faça-nos lembrar que fizestes uma aliança conosco, como esta que trazemos em nosso dedo. Permita que não traiamos esse amor com que nos amas, que respeitemos tua criação, a natureza que nos dás, as leis universais que se nos impõe. Que nosso orgulho não nos eleve acima das leis da vida que nos fazem viver. Fortifica nosso amor, Senhor. És nosso escudo contra toda sorte de tentações.

5

Gênesis 12,1-5

Abraão e Sara ouvem a Deus e lhe obedecem

O Senhor disse a Abrão: "Sai de tua terra, do meio de teus parentes, da casa de teu pai e vai para a terra que te mostrarei. Farei de ti uma grande nação e te abençoarei, engrandecendo teu nome, de modo que se torne uma bênção. Abençoarei os que te abençoarem e amaldiçoarei os que te amaldiçoarem. Com teu nome serão abençoadas todas as famílias da terra". Abrão partiu como o Senhor lhe havia dito, e Ló foi com ele. Ao sair de Harã, Abrão tinha setenta e cinco anos. Levando consigo sua mulher Sarai, o sobrinho Ló e todos os bens que possuíam, além dos escravos que haviam adquirido em Harã, Abrão partiu rumo à terra de Canaã, aonde chegaram.

MEDITAÇÃO PARA O CASAL

Obedecer a Deus antes que aos homens... Na era do *coachings*, dos conselhos de toda sorte, o melhor discernimento para escolher *a reta via* não seria pôr-se de joelhos diante de Deus rogando-lhe que nos mostre o caminho? Por outro lado, atenção para não assumir por vontade divina a que reside em nós! Um verdadeiro discernimento espiritual, acompanhado por uma pessoa experimentada e sábia, pode permitir avanços. Quanta coragem a de Abraão: aos setenta e cinco anos, abandonar tudo (país, família, amigos) para partir às escuras, iluminado apenas pela promessa! Realmente, Abraão e Sara acreditavam piamente no Senhor, que tinham aprendido a ouvir e a encontrar a cada dia. Quanta proximidade com Deus, para confiar nele, dar um salto no escuro, certos de sua Providência!

Para aprofundar

- Será que conheço bem os Dez Mandamentos, e será que compreendo o que eles significam hoje?
- Em caso de dúvida, leia a parte do *Catecismo da Igreja católica (n. 2083 à 2550)* que a eles se reporta, e compartilhe a dois.
- Qual é o mandamento que me parece mais difícil de aplicar à minha vida?

6

Gênesis   15,1-6

A fé de Abraão diante da infertilidade de sua parceira

Depois desses acontecimentos, o Senhor falou a Abrão numa visão, dizendo: "Não temas, Abrão! Eu sou o escudo que te protege; tua recompensa será muito grande". Abrão respondeu: "Senhor Deus, que me haverás de dar, se eu devo deixar este mundo sem filhos, e o herdeiro de minha casa será Eliezer de Damasco?" E acrescentou: "Como não me deste descendência, meu criado é que será o herdeiro". Então lhe foi dirigida a palavra do Senhor: "Não será esse o herdeiro, mas um de teus descendentes é que será o herdeiro". E conduzindo-o para fora lhe disse: "Olha para o céu e conta as estrelas, se fores capaz!" E acrescentou: "Assim será tua descendência". Abrão teve fé no Senhor e isto lhe foi creditado como justiça.

MEDITAÇÃO PARA O CASAL

Infertilidade: que flagelo parece espalhar-se, enquanto, em outros extremos, busca-se com todos os meios controlar o número de nascimentos... Às vezes também, que vergonha..., pois os propósitos do entorno são invasivos, já que mexem com o mais íntimo de cada casal, com nossa maneira de viver. Cada qual escolhe conscientemente a via que vai seguir, segundo a educação que recebeu, seu grau de fé, suas possibilidades humanas que, por outro lado, desconhecemos. Pode haver desacordo no seio do casal, o que acrescenta uma dificuldade a um sofrimento existente. Não julguemos, não condenemos: nenhum casal deve colocar-se no lugar de outro casal. É bem verdade que o mundo e seus progressos tecnológicos propõem sempre mais soluções, que não respeitam necessariamente a dignidade do ser humano. A verdade nos torna livres: urge informar-se, refletir, amar!

Oração

Senhor, Tu nos conheces mais do que conhecemos a nós mesmos. Fostes Tu que nos criastes, nos unistes e queres que nosso amor, à imagem do teu, seja fecundo, produzindo frutos e dando-te novos filhos. Nós te confiamos nossa fertilidade, nossas dificuldades neste assunto. Ensina-nos a discernir e a fazer tua vontade neste domínio de nossa vida. Nós te bendizemos pelos casais que podem ter inúmeros filhos. Somos solidários com os casais com dificuldades de conceber de maneira natural. Compartilhamos seus sofrimentos e os apresentamos, para que os visites, os auxilies, os acompanhe neste longo e doloroso caminho. Senhor, és mestre da vida, tu podes tudo, nós cremos em ti!

7

Gênesis

16,1-11

Abraão e Sara: questões éticas, mãe de aluguel, ciúmes, infidelidade

Sarai, mulher de Abrão, não lhe havia dado filhos. Mas ela tinha uma escrava egípcia de nome Agar. E Sarai disse para Abrão: "Eis que o Senhor me fez estéril. Une-te, pois, à minha escrava, para ver se ao menos por meio dela posso ter filhos". Abrão atendeu ao pedido de Sarai. Foi depois de Abrão habitar por dez anos na terra de Canaã que Sarai, esposa de Abrão, tomou a escrava egípcia, Agar, e a deu como mulher a Abrão, seu marido. Ele uniu-se a Agar, e ela concebeu. Quando percebeu que estava grávida, começou a olhar com desprezo para sua senhora. Sarai falou para Abrão: "Caia sobre ti a afronta que estou sofrendo. Fui eu mesma que coloquei minha escrava em teus braços, mas ela, assim que ficou grávida, começou a desprezar-me. O Senhor seja o juiz entre mim e ti". Abrão disse para Sarai: "Olha, a escrava é tua. Faze dela o que bem entenderes". Então Sarai a maltratou tanto que ela fugiu. Um anjo do Senhor a encontrou junto à fonte do deserto, no caminho de Sur, e lhe disse: "Agar, escrava de Sarai, de onde vens e para onde vais?" E ela respondeu: "Estou fugindo de Sarai, minha senhora". E o anjo do Senhor lhe disse: "Volta para tua senhora e sujeita-te a ela". E o anjo do Senhor acrescentou: "Farei tua descendência tão numerosa que não poderá ser contada". E disse por fim o anjo do Senhor: "Olha, estás grávida e darás à luz um filho e o chamarás Ismael, porque o Senhor te ouviu na aflição.

Meditação para o casal

Texto impressionante... Sara, que havia depositado sua fé em Deus e tinha acompanhado Abraão, duvida da promessa de Deus e cai em "acordos mentirosos" para dar um filho a seu marido. Ela "trafica", como o fazemos frequentemente, para restaurar uma situação que não lhe convém e que não aceita. O casal sofre pela falta de descendência. Ela tenta Abraão, que cede e assume por amante Agar, que vai se tornar "mãe de aluguel". Mas, efeito *boomerang*, Sara passa a ter ciúmes de Agar, pois Abraão a olha com ternura. Abraão é fraco... Ele deixa caminho livre à malvadez de sua mulher, e lhe permite despedir sua escrava, que Deus visita e consola no deserto. O casal Abraão e Sara vão sofrer por seu próprio pecado. O pecado destrói a todos: Sara se torna ciumenta após a "péssima solução" que havia encontrado para ela mesma. Ela arrastou Abraão ao pecado. Ora, Deus havia planejado dar-lhe um filho: Isaac.

Para aprofundar

- Nenhum casal está livre da fuga... Tenho coisas no coração das quais tenho dificuldades de falar, que outro me estimulou a fazer, ou me obrigou, quando de fato eu não estava de acordo?
- Se temos dificuldade de conceber, como vivemos essa realidade? Nós falamos disso mutuamente? Estamos de acordo?
- Conhecemos exatamente os ensinamentos da Igreja a esse respeito?

8

Gênesis 24,48-67

Isaac amou Rebeca e foi consolado pela morte de sua mãe

Labão tomou a palavra. Ele e Batuel responderam: "Isto vem do Senhor; nós não podemos dizer-te nada, nem contra nem a favor. Aí tens Rebeca, leva-a contigo, para casar com o filho de teu senhor, conforme o Senhor disse". Quando o criado de Abraão ouviu estas palavras, prostrou-se em terra diante do Senhor. Tirou objetos de prata e ouro e vestidos e os deu a Rebeca. Ofereceu também presentes ao irmão e à mãe. Então com os companheiros se pôs a comer e beber e foi dormir. Pela manhã, ao levantar, disse o criado: "Deixai-me voltar para junto de meu senhor". O irmão e a mãe de Rebeca disseram: "Fique a jovem conosco ainda uns dez dias, depois partirá". Ele respondeu: "Não retardeis minha volta já que o Senhor deu feliz êxito à minha viagem. Deixai-me partir para que volte a meu senhor". Disseram-lhe: "Vamos chamar a jovem e perguntar sua opinião". Chamaram Rebeca e lhe perguntaram: "Queres ir com este homem?" E ela respondeu: "Quero". Deixaram, pois, sua irmã Rebeca partir, juntamente com sua ama de leite, o criado de Abraão e seus homens. Abençoaram Rebeca, dizendo: "Tu, irmã nossa, multiplica-te aos milhares e os teus descendentes conquistem as cidades inimigas". Rebeca levantou-se com suas criadas, montaram nos camelos e acompanharam o homem. E assim o criado levou Rebeca e partiu. Isaac tinha voltado do poço de Laai-Roí. Morava, então, na região do

Negueb. Certa vez, ao cair da tarde, saiu para passear pelo campo e, levantando os olhos, viu camelos chegando. Também Rebeca, levantando os olhos, viu Isaac. Apeou do camelo e perguntou ao criado: "Quem é aquele homem que vem caminhando pelo campo ao nosso encontro?" O criado respondeu: "É o meu senhor". Ela puxou o véu e se cobriu. Então o criado contou a Isaac tudo o que havia feito. E Isaac introduziu Rebeca na tenda de Sara, sua mãe, e a recebeu por esposa. Isaac amou-a, consolando-se assim da morte da mãe.

MEDITAÇÃO PARA O CASAL

Este texto remonta a anos anos-luz de nossos dias. E, quanta atualidade! Obviamente, o casamento não é um ato privado, é um evento social e comunitário: ele envolve toda a família, os amigos, as testemunhas, a Igreja, a sociedade. O pai, de certa forma, "se desfazia" de sua filha ao entregá-la ao seu futuro genro, mas este também devia "cortar" os laços de infância que o ligavam à sua mãe, a fim de unir-se à sua esposa. Assim as duas famílias concluíam uma espécie de aliança entre si, para o bem das gerações futuras e para desenvolver o país. Mas é também possível ver aqui a liberdade desses dois jovens: "quero" ir com esse homem, diz Rebeca. Isaac a introduziu em sua tenda, "a desposou, a fez sua esposa, a amou". Desde aqueles idos o casamento se concluía por um ritual, no qual Deus se fazia presente. A bênção de Deus se estende assim de geração em geração sobre o casal. A fecundidade do casal é uma bela realização dessa bênção.

Para aprofundar

- O amor conjugal faz amadurecer os cônjuges. Do que preciso ser curado, consolidado? O outro pode me ajudar?
- Cada qual tem suas rupturas a suportar. Estou pronto a reacomodar os vínculos familiares com meus pais e meus irmãos e irmãs, para dar prioridade ao vínculo conjugal?
- Que bênção de Deus gostaria de pedir na oração?

9

Deuteronômio · 6,4-9

*Colocar Deus no centro da vida
e da vida conjugal*

Ouve, Israel! O SENHOR nosso Deus é o único SENHOR. Amarás o SENHOR teu Deus com todo o coração, com toda a alma, com todas as forças. E trarás no teu coração todas estas palavras que hoje te ordeno. Tu as repetirás muitas vezes a teus filhos e delas falarás quando estiveres sentado em casa ou andando pelos caminhos, quando te deitares ou te levantares. Hás de prendê-las à tua mão para servirem de sinal; tu as colocarás como faixa entre os olhos e as escreverás nos umbrais da tua casa e nos portões de tua cidade.

MEDITAÇÃO PARA O CASAL

Existem lares onde é agradável viver. A acolhida é calorosa, e reina no lar um "bom odor" de santidade: às vezes a Palavra de Deus é "exibida" na geladeira, sobre a mesa, nos cômodos. Ela não é abandonada em qualquer canto: está em toda a parte, reinando! Mas está, sobretudo, impregnada nos corações, na memória dos habitantes da casa, e é transmitida de pai para filho. Vive-se com ela, de forma simples e cotidiana, viva. Deus está no centro. É por primeiro servido. É companheiro de caminhada da família, faz as refeições com ela. É louvado de manhã por cantos de louvor, abençoa-se a mesa ao meio-dia, reza-se em família, pede-se pelos doentes, pela Igreja, pelo mundo. Enfim, ama-se a Deus de coração pleno, com toda intensidade da alma, com todas as forças. Feliz a família que assim procede: ela faz a felicidade de Deus e é testemunha aos passantes...

Proposta

Escrever a Palavra de Deus e repetir semanalmente o ato. Existem várias maneiras de fazê-lo. Podemos comprar uma pequena agenda ou caderneta, pessoal para anotar as frases que mais lhe chamam atenção ou tocam pessoalmente. Isto permite reler a Palavra de Deus tranquilamente, em vários momentos da semana. Permite igualmente compartilhá-la a dois, manifestar o que mais impressionou, a razão pela qual ela repercutiu em mim. Também podemos criar lembretes e colá-los na porta da geladeira, como bilhetes que iluminem o dia ou a semana. Pode ser um bilhete em letras garrafais de uma frase do Evangelho do domingo, a ser repetida diariamente, ao longo da semana. Cada qual é livre de escolher a forma de colocar Deus no centro de sua casa, de seu cotidiano.

10

Deuteronômio   7,6-9.13

Consagrados um ao outro, e a Deus, pelo matrimônio

Pois tu és um povo consagrado ao SENHOR teu Deus. O SENHOR teu Deus te escolheu dentre todos os povos da terra para seu povo particular. O SENHOR afeiçoou-se a vós e vos escolheu, não por serdes mais numerosos que os outros povos – na verdade sois o menor de todos – e sim porque o SENHOR vos amou e quis cumprir o juramento que fez a vossos pais. Foi por isso que o SENHOR vos libertou com mão forte, resgatando-vos do lugar da escravidão, das mãos do Faraó, rei do Egito. Saberás, pois, que o SENHOR teu Deus é o único Deus, um Deus fiel que guarda sua aliança e sua misericórdia até mil gerações para aqueles que o amam e observam seus mandamentos [...]. Ele te amará, te abençoará e te multiplicará. Abençoará o fruto de tuas entranhas e o fruto do solo, o teu trigo, o teu vinho, o teu azeite, as crias de tuas vacas e as crias de tuas ovelhas, na terra que jurou a teus pais te dar.

Meditação para o casal

Cada casal é como um "pequeno povo consagrado ao Senhor". Pelo batismo já fomos escolhidos, separados, para ser o "domínio particular" do Senhor. Mas, pelo casamento, nós dois, juntos, nos tornamos essa terra de eleição. Deus nos escolheu! É incrível! Não fomos nós, por primeiro, que o escolhemos, foi Ele, por primeiro, que nos amou e que se apegou a nós. A Aliança parte primeiro de Deus. E ele é o "Deus fiel que guarda sua aliança e sua misericórdia até mil gerações para aqueles que o amam e observam seus mandamentos". O número de sacramentos matrimoniais diminui. Podemos lamentar, mas também nos perguntar por que esse ou aquele casal, mesmo longe da fé, pede para casar-se na Igreja. Talvez Deus os separou, os escolheu para manifestar o seu Amor. Seria essa a nossa compreensão?

Para aprofundar

- Será que vivo meu casamento como uma consagração? Um chamado? Uma vocação?
- Temos consciência que nossa união é querida por Deus, que fomos escolhidos por Ele para uma missão particular?
- Estamos engajados na preparação dos noivos para o matrimônio em nossa paróquia? Se não, por quê?

11

Tobias 7,9-14

Casamento de Tobias e Sara

Tobias disse a Rafael: "Azarias, meu irmão, dize a Ragüel que me dê Sara, minha parente, como esposa". Ragüel ouviu aquelas palavras e disse ao jovem: "Come, bebe e passa tranquilamente esta noite. Não há ninguém com o direito de receber Sara, minha filha, senão tu, meu irmão. Do mesmo modo, também eu não tenho o direito de dá-la a ninguém senão a ti, porque és meu parente mais próximo. Vou, no entanto, revelar-te a verdade, meu filho. Dei-a a sete homens dentre nossos irmãos, e todos morreram na noite em que iam aproximar-se dela. Agora, filho, come e bebe, e o Senhor providenciará por vós". Mas Tobias disse: "Não comerei nem beberei, enquanto não decidires a meu respeito". Ragüel respondeu: "Eu o faço. Ela te é dada, de acordo com a prescrição do Livro de Moisés. Assim, se o céu decreta que ela te seja dada, leva contigo tua irmã. Desde agora, tu és seu irmão e ela tua irmã. Desde hoje, ela te é entregue para sempre. Que o Senhor do céu vos faça felizes esta noite, meu filho, e vos conceda misericórdia e paz!" Ragüel chamou Sara, sua filha, e ela se aproximou. Ele tomou-a pela mão e entregou-a a Tobias, dizendo: "Recebe-a de acordo com a Lei e de acordo com o preceito escrito no Livro de Moisés, pelo qual ela te deve ser dada como esposa. Toma-a e leva-a feliz à casa de teu pai. Que o Deus do céu vos conduza em paz".

Meditação para o casal

Implorar os favores do céu não é magia. A oração é uma súplica que parte do coração do homem e sobe até Deus, que é nosso Criador e nosso Pai. Falamos de misericórdia para descrever esta maneira de amar de Deus, que é única: sempre Ele quer o bem do homem e da mulher, lhes deseja a felicidade. Ele liberta o homem de seus determinismos que o acorrentam, conscientes ou inconscientes. Podemos carregar pesos e feridas que nos fazem duvidar do amor, fechando-nos em nós mesmos no medo e no não amor. Sara foi vítima de um mau espírito que fazia morrer seus maridos um após o outro, símbolo de uma história ferida que impedia de amar verdadeiramente. Mas Deus interveio em seu favor e abençoou sua união com Tobias. Deus vela sobre o casal que nele confia, e lhe concede a paz.

Para aprofundar

- Quais determinismos me fazem sofrer? Do que desejo ser libertado por Deus para viver em paz sob seu olhar?
- Existe perdão que eu não dei à pessoas que me fizeram mal? Um rancor tenaz pode impedir de ser livre e de amar tranquilamente.
- Será que eu poderia aprofundar o que quer dizer este termo: misericórdia? Tenho desejo de amar meu cônjuge com misericórdia? A que isso me remete?

12

Tobias
8,4-8

Que possamos viver felizes os dois juntos até os dias de nossa velhice!

Tobias então se levantou do leito e disse a Sara: "Levanta-te, irmã! Vamos orar e suplicar a nosso Senhor que nos conceda misericórdia e salvação". Ela se levantou e os dois puseram-se a orar e suplicar que lhes fosse concedida a salvação. Ele começou dizendo: "Tu és bendito, ó Deus de nossos pais, e bendito é teu nome, por todos os séculos e gerações! Bendigam-te os céus e todas as tuas criaturas por todos os séculos! Foste tu que fizeste Adão, e para ele criaste Eva, sua mulher, para servir-lhe de auxílio e apoio. De ambos teve início a geração humana. Tu mesmo disseste: *Não é bom que o ser humano esteja só; vamos fazer-lhe uma auxiliar que lhe corresponda.* Agora, não é por luxúria que recebo, como esposa, esta minha irmã. Eu o faço de coração sincero. Digna-te ser misericordioso comigo e com ela, e conceder-nos que envelheçamos juntos". Unidos disseram: "Amém! Amém!"

MEDITAÇÃO PARA O CASAL

Por que pedir a Deus que abençoe nosso amor? Para vivermos felizes juntos, e o máximo de tempo possível. Sabemos que o tempo pode produzir desgaste, frieza, acomodações, fadiga: isso baixa a admiração que um tem pelo outro, e o nível de satisfação que um cônjuge tem pelo outro. Sara e Tobias sabem que não é buscando um prazer egoísta a dois que vão encontrar a felicidade, mas pedindo que Deus os cubra com sua misericórdia e com sua salvação. Sim, cada um de nós sabe que precisa reconhecer suas pobrezas, seus limites, sua necessidade de Deus, do contrário, corre o grande risco de cair no orgulho que "mata o amor". É pena quando se tem toda uma vida pela frente, e hoje ela se mostra mais longa ainda!

Para aprofundar

- Será que consigo protelar a satisfação de meus desejos? Sobretudo os que são mais carnais, como meu apetite, minha gulodice, minhas necessidades sexuais?
- Somos nós, neste ponto, um auxílio um para o outro, guardiães do desejo do outro?
- Temos ambos o grande desejo de transparência e fidelidade inabalável para com o nosso cônjuge?

13

Salmo 33(32)
12.18.20-22

Oração de louvor

Feliz a nação cujo Deus é o SENHOR,
e o povo que Ele escolheu por sua herança!

Eis que o SENHOR pousa o olhar
sobre os que o temem, e que esperam em sua misericórdia.

Nossa alma espera no SENHOR,
Ele é nosso amparo e escudo.
Com Ele se alegra o nosso coração,
porque confiamos em seu nome santo.

A tua misericórdia, SENHOR, esteja sobre nós,
assim como a esperamos de ti!

MEDITAÇÃO PARA O CASAL

Os Salmos são orações antigas que os homens elevavam a Deus. Eles resumem um estado de alma geral, tão bem que neles podemos nos reconhecer, e reassumi-los para expressar nossa oração. Eles expressam a alegria e o louvor, a tristeza e a desesperança; podem ser preces de agradecimentos e de ação de graças que indefinidamente podemos prolongar; podem expressar verdadeiras profissões de fé, atos de abandono à vontade de Deus, pedidos de socorro, poemas de amor. O rei Davi cantou e escreveu alguns deles, e Jesus, sobretudo, os aprendeu de cor de Maria e José, seus pais. O Salmo 33 nos faz entrar numa relação filial com Deus. Deus cuida de nós. Podemos confiar nele, pois Ele deseja o nosso bem. Será que às vezes não somos tentados a confiar mais em nosso cônjuge do que em Deus? Se assim for, rapidamente podemos ser decepcionados pelo outro, outrora idealizado e agora colocado no lugar de Deus. A relação conjugal pode levar assim um golpe, já que rapidamente nos damos conta que o outro não é aquela perfeição com quem havíamos sonhado...

Para aprofundar

- Será que agradeço suficientemente a Deus pela beleza de sua criação que dele me fala?
- Nossa vida, nosso relacionamento, nosso amor, depende de Deus. Será que ouso colocar minha esperança em seu amor?
- A alegria de nosso coração vem de Deus: será isso verdade? Ou meus humores dependem da atitude de meu cônjuge?

14

Salmo 34(33)

2-9

Deus é um refúgio em nossas aflições

Bendirei o SENHOR em todo tempo,
o seu louvor estará sempre nos meus lábios.
A minha alma gloria-se no SENHOR;
escutem-me os humildes e se alegrem.

Engrandecei comigo o SENHOR,
e exaltemos todos juntos o seu nome!
Procurei o SENHOR e Ele me respondeu;
livrou-me de todos os meus temores.

Os que olharam para Ele estão radiantes,
e seu rosto não tem mais por que corar.
Um infeliz clamou, e o SENHOR o ouviu,
e o salvou de todas as suas angústias.

O anjo do SENHOR acampa
ao redor dos que o temem e os liberta.
Provai e vede como o SENHOR é bom!
Feliz o homem que nele se refugia.

MEDITAÇÃO PARA O CASAL

Angústias, temores e inquietações nunca faltam na vida do casal. A educação dos filhos, as preocupações com a saúde, a vida profissional e seus imprevistos, as incompreensões a dois, inclusive as disputas, os problemas financeiros, os desentendimentos com sogros ou sogras etc. O casal perfeito, totalmente harmonioso, que não passa por nenhuma provação, por nenhum imprevisto, é uma quimera! É bom não se iludir com os mercadores de falsas felicidades, que prometem imagens de casais que vivem em perfeita felicidade, que cultivam uma paixão amorosa duradoura e sem sobressaltos até a velhice, que vivem um amor conjugal espontâneo sem esforço, capaz de satisfazer plenamente os dois. Esta não é a realidade da vida. O amor é uma construção ininterrupta, construção esta que torna a pessoa humilde e desapegada. E faz com que ela se sinta desapontada por não se deixar amar e amar como deveria. Mas Deus, que é puro amor, sempre está lá, presente e vivo. Podemos invocá-lo, gritar, encontrar nele um refúgio nos tempos de adversidade: não para fugir das dificuldades ou para afastar-nos do outro, mas para buscar nossas forças nele, pois "provai e vede como o Senhor é bom"!

Para aprofundar

- Quando me encontro em apuros ou angustiado, me lembro do Senhor e me dirijo a Ele para louvá-lo e bendizê-lo? Tenho confiança de que Ele vai se ocupar de meus problemas e ajudar-me a enfrentá-los?
- Será que já fiz a experiência de invocá-lo com determinação, como diz o salmista, "aos gritos"? Já partilhei isso com meu cônjuge?
- Repetir os últimos versículos do Salmo 34 várias vezes ao dia!

15

Salmo 51(50) 3-14

Tem piedade de mim, meu Deus

Tem piedade de mim, ó Deus, segundo a tua misericórdia; segundo a
  tua grande clemência, apaga minhas transgressões!
Lava-me todo inteiro da minha culpa,
  e purifica-me do meu pecado!

Pois reconheço minhas transgressões,
  e tenho sempre presente o meu pecado.
Pequei contra ti, contra ti somente,
  e pratiquei o mal diante de teus olhos.

Assim serás considerado justo em tua sentença,
  incontestável em teu julgamento.
Eis que nasci culpado,
  e pecador minha mãe me concebeu.

Tu queres sinceridade interior,
  e no íntimo me ensinas a sabedoria.
Purifica-me com o hissope, e ficarei limpo!
  Lava-me, e ficarei mais branco do que a neve!

Faze-me ouvir júbilo e alegria,
  para que exultem os ossos que trituraste!
Esconde o teu rosto de meus pecados
  e apaga todas as minhas culpas!

Ó Deus, cria em mim um coração puro
  e renova-me por dentro com um espírito decidido!
Não me afastes de tua presença,
  nem retires de mim teu santo espírito.
Restitui-me a alegria de tua salvação
  e sustenta-me com um espírito generoso.

MEDITAÇÃO PARA O CASAL

Eis a belíssima oração do rei Davi após seu adultério... revelado pelo profeta Natan, pois ele tinha se enclausurado no pecado, encontrando mil desculpas, e cobrindo-o até ao homicídio. Mesmo junto a um homem que reza e que quer fazer a vontade de Deus, uma tentação pode levá-lo a um estado de pecado grave... que separa da graça de Deus. Davi passou por essa experiência. No homem, o olhar para arrastar para o pecado: uma bela mulher, um decote pronunciado, uma revista pornô, um filme erótico... podem desencadear pulsões até então bem gerenciadas. Basta um momento de estresse, de fracasso temporário ou de baixa autoestima a ser restabelecida, que a passagem ao ato rapidamente se consuma. Davi usou de seu poder para atrair a mulher que se banhava em seus jardins, e ordenou que matassem seu marido colocando-o na linha de frente do combate: são "abusos de poder" graves. Mas Davi reconhece sua falta, confessa seu pecado, espera e consegue a misericórdia de Deus, que o perdoa. Este Salmo é um exemplo de oração de arrependimento para nós.

Para aprofundar

- Rezar este Salmo pessoalmente e relacioná-lo com minha vida conjugal: "Tem piedade de mim, ó Deus, pois pequei". Em quê...?
- Lamento... e te peço perdão. Nomear o que ofendeu a Deus.
- Qual é meu olhar sobre as mulheres (para o homem)?
- Qual é meu olhar sobre os homens (para as mulheres)?

16

Salmo 103(102) 1-2.8.13.17-18

O Senhor é clemente e misericordioso

Bendize, ó minha alma, o SENHOR,
e todo o meu ser, seu santo nome!
Bendize, ó minha alma, o SENHOR,
e não esqueças nenhum de seus benefícios!

O SENHOR é clemente e misericordioso,
lento para a cólera e rico de amor.
Como um pai ama os filhos com ternura,
assim o SENHOR se enternece por aqueles que o temem.

Mas o amor do SENHOR é desde sempre e para sempre
para aqueles que o temem,
e sua justiça para os filhos de seus filhos
para aqueles que guardam a sua aliança
e se lembram de cumprir seus preceitos.

MEDITAÇÃO PARA O CASAL

A clemência e a misericórdia de Deus por mim, por nós, são temas de meditação. Ele é lento na cólera e cheio de amor. Deus nunca nos maltrata, apenas quer nossa felicidade. Às vezes, a dois, temos dificuldade de simplesmente alegrar-nos com a vida, de saborear espontaneamente a felicidade. Alguns até sentem uma certa culpabilidade quando tudo vai bem, e até sentem uma espécie de vazio, de inutilidade. Só fortes emoções parecem satisfazê-los. O inverso lhes dá a sensação de não estar amando, de não existir. São pessoas que correm o risco de não sabotar os bons momentos a dois, e em família. Por vezes temem a intimidade, a simplicidade das relações ou o simples fato de estar juntos sem discutir, sem querer impor opiniões. E assim criam tensões desnecessárias, sentindo-se confortáveis em alimentar e em descarregar a própria cólera nos outros. O Salmo diz que Deus é misericordioso, não acusa, não censura, e se faz próximo, mostra clemência e ternura àquele que o busca. Amemos como Deus ama nosso cônjuge, apesar de suas eventuais durezas.

Para aprofundar

- Quando meu cônjuge tem mais necessidade de minha proximidade?
- Tenho compaixão e misericórdia por suas fraquezas?
- Somos capazes de render graças pelos momentos de alegria?

17

Salmo 103(102) — 3-16

Deus não mantém para sempre suas recriminações

É Ele quem perdoa toda a tua culpa
e cura todas as tuas enfermidades.
Ele resgata tua vida da cova
e te coroa de amor e misericórdia.
Ele sacia com tantos bens teu vigor,
que tua juventude se renova como a águia!

O SENHOR realiza atos de justiça
e defende o direito dos oprimidos.
Ele revela seus caminhos a Moisés,
e aos israelitas seus grandes feitos.

O SENHOR é clemente e misericordioso,
Lento para a cólera e rico de amor.
Não está sempre acusando
nem guarda rancor para sempre.
Não nos trata segundo nossas faltas,
nem nos paga segundo nossas ofensas.

Pois quanto se elevam os céus sobre a terra,
assim se eleva seu amor sobre os que o temem.
Quanto dista do Oriente do Ocidente,
tanto Ele afasta de nós nossas transgressões.
Como um pai ama os filhos com ternura,
assim o SENHOR se enternece por aqueles que o temem.

Ele sabe do que somos feitos,
lembra-se de que somos pó.
Os dias do ser humano são como a erva,
floresce como a flor do campo;
sopra o vento, ela desaparece,
e ninguém mais reconhece o seu lugar.

MEDITAÇÃO PARA O CASAL

Na vida a dois, rapidamente somos confrontados com a fraqueza e os limites do outro, com seus hábitos e manias. O sentimento amoroso faz com que inicialmente se idealize o próprio cônjuge, e o confronto com a realidade cotidiana pode causar decepções (o príncipe encantado perde o fascínio). Então, inconscientemente, espera-se que tudo mude, mas isto não é o amor. O amor assume o outro "como ele é", em seu estado real, sem nada exigir, sem colocar as exigências nas nuvens (sem lhe pedir que me cubra afetivamente nem que seja perfeito). Deus "não está sempre acusando nem guarda rancor para sempre". Concretamente, para o casal, isto significa não reivindicar permanentemente: é "suportar" o outro, no sentido de "ficar ao seu lado", de comprometer-se com ele, de apoiá-lo, aconteça o que acontecer, na alegria e na tristeza, na saúde e na depressão, no sorriso e no mau-humor. É suportar o outro sem queixa, sem entrar em guerras e picuinhas: "Já que não levaste o lixo, não tirarei a roupa da máquina de lavar". O amor de Deus implica a noção de longevidade, de duração, de fidelidade: é porque me engajei nisso, e para tanto Deus me dá sua graça, que posso "amar como Ele ama".

Oração

Senhor, nós cremos em tua bondade para conosco e no poder de tua misericórdia. Vem agora visitar nossa vida conjugal: não haja segundo nossas faltas, não nos retribua segundo nossas ofensas. Nós te apresentamos o que é defeituoso em nossa relação, o que te ofende: nossa falta de amor, de compreensão mútua, nossas raivas, nossos desejos de punir o outro, de nos vingar de nossas decepções. Senhor, vem preencher o que falta em nosso amor, o que destrói o nosso vínculo, vem reatar o que se dissolve por nossos rancores e indelicadezas. Vem, por teu Espírito, fortificar o lugar e o papel de cada um de nós na vida conjugal, e afirmar a vocação de cada um: homem-esposo e pai, mulher-esposa e mãe. Obrigado, Senhor, por vivificar nossa relação e por dar mais vida ao que estava morto. Obrigado por tua misericórdia e por teu perdão.

18

Salmo 112(111)

1-9

*Feliz quem teme o Senhor
e muito se compraz em seus mandamentos*

Aleluia!
Feliz é quem teme o SENHOR,
e muito se compraz em seus mandamentos!
Sua linhagem será poderosa no país,
abençoada a geração de homens retos.

Em sua casa haverá bens e riqueza,
e sua justiça permanecerá para sempre.
Desponta nas trevas como luz para os homens retos,
é benigno, misericordioso e justo.

Ditoso o homem que se compadece e empresta,
e conduz seus negócios dentro da lei!
Pois jamais há de vacilar;
o justo será lembrado para sempre.

Não temerá as más notícias:
confiado no SENHOR, seu coração está firme.
Seu coração é seguro, nada temerá;
até mesmo seus adversários Ele olhará com desafio.
Ele reparte generosamente com os pobres;
sua justiça permanecerá para sempre;
sua fronte se levanta com altivez.

Meditação para o casal

Feliz quem teme o Senhor, quem cumpre os seus mandamentos. Temer o Senhor não é ter medo, nem ter medo de seu julgamento. Às vezes temos a imagem de um Deus todo-poderoso, que julga, que domina, que arrasa. Não! Deus é amor, bondade e misericórdia, e só quer o nosso bem, o bem de nossa união, Ele deseja o melhor para nós dois. Temer é ter medo de ofender seu amor, não "estar à altura deste amor". É ser tomado de vertigem diante da distância entre a grandiosidade deste amor e a pobreza de nossas respostas. Amar a vontade de Deus é querer assemelhar-se a Ele, não desejar senão o que Ele deseja, permanecer em seu amor e em sua presença. Todos os mandamentos levam à busca de Deus, a conhecê-lo, a amá-lo, a amar "como" Ele ama. Ser "justo" é entrar em acordo com o que Deus quer, e realizá-lo. "Ditoso o homem que se compadece e empresta, e conduz seus negócios dentro da lei", sem deixar de ser "terno e compassivo": eis como nutrir nossa vida a dois, e encarnar de maneira muito concreta este amor de Deus no amor que tenho por meu cônjuge e pelos mais necessitados.

Para aprofundar

- Preocupar-se com a justiça, com a partilha: como colocar em prática isso em nossa vida a dois? Partilhar as tarefas, a educação, o dinheiro e os bens materiais...
- Conduzir os negócios dentro da lei: será que esse conselho do salmista me diz respeito? Posso melhorar? Sou honesto no que digo, naquilo que declaro?
- A ternura: fico à vontade com palavras e gestos que remetem à ternura, mas que não deságuam necessariamente na perspectiva sexual? Como fazer crescer a ternura entre nós?

19

Salmo 116(114-115) 1-9

*Fracos e miseráveis,
o Senhor não nos deixa pisar em falso*

Eu amo o SENHOR,
pois Ele ouve minha voz suplicante.
Pois inclinou para mim seu ouvido,
por isso o invocarei enquanto eu viver.

Os laços da morte me envolveram,
perigos infernais me surpreenderam,
e eu me encontrava em angústia e tristeza.
Invoquei o nome do Senhor: "Ah, SENHOR, liberta-me!"

O Senhor é benevolente e justo,
nosso Deus é misericordioso.
O SENHOR cuida da gente simples;
eu era fraco e Ele me salvou.

Volta minha alma, ao teu repouso,
pois o SENHOR te fez o bem!
Sim, Tu me livraste da morte,
das lágrimas os meus olhos, e da queda os meus pés.

Eu andarei na presença do SENHOR,
na terra dos vivos.

MEDITAÇÃO PARA O CASAL

Às vezes posso ter o sentimento de angústia por não chegar à tamanha perfeição, por não poder amar com tanta intensidade. E posso até mesmo sentir desprezo e raiva pelo outro. Por quê? Porque na vida a dois, esbarramos um no outro constantemente. Sempre estamos num "face a face" que às vezes pode se transformar num campo de batalha. A grande tentação na vida de casal é a acusação mútua. "Se não estou feliz, a culpa é do outro, porque ele não faz o que deve!" É necessária uma boa dose de "autoestima" para não se deixar levar pela culpabilidade que a relação amorosa pode lançar sobre os ombros de um ou de outro. Temos a tendência de idealizar o casamento, vendo-o como portador de felicidade, de segurança afetiva e financeira, realização sexual, estimulador dos melhores desejos, gerador de uma progenitura exemplar e brilhante, de uma família fonte de paz e de harmonia. E, diante destas expectativas idealistas, às vezes nos decepcionamos, cujo risco maior pode ser o de querer outras experiências... enquanto que em geral o caminho é mudar as próprias atitudes.

Para aprofundar

- O que posso fazer para gerenciar minhas frustrações, para conhecer e compreender minhas necessidades, para fazer perguntas realistas e ajustadas ao que o outro pode me guiar?
- Se sou irritável, sempre mal-humorado, a relação vai sofrer, e o outro vai se isolar sempre mais, ou se defender. Será que me dou conta de que tenho poder e responsabilidade naquilo que está em jogo em nossa relação?
- Diante de Deus me sinto fraco e vulnerável: acredito em sua ajuda? Como Ele me socorre?

20

Salmo 127(126) 1-5

Deus abençoa o casal em seus filhos

Se o SENHOR não construir a casa,
em vão trabalham os seus construtores.
Se o SENHOR não construir a cidade,
em vão vigia a sentinela.

É inútil que vos levanteis cedo e
retardeis o repouso,
comendo o pão das labutas.
Ao seu amigo que dorme,
Ele o dará da mesma forma.

Os filhos são a herança do SENHOR,
o fruto do ventre é recompensa.
Como flechas na mão do guerreiro,
assim, os filhos da mocidade.

Feliz o homem que deles encheu sua aljava!
Não serão envergonhados quando
discutirem com os inimigos à porta.

MEDITAÇÃO PARA O CASAL

Podemos levar nossa vida a dois sozinhos, desligados de Deus, ou na presença de Deus, isto é, plenamente conscientes de que Ele está presente e agindo em nossa vida, até nos menores detalhes na construção de nossa casa. Obviamente, mais especificamente falando, na construção de nosso "lar a dois", embora Deus esteja sempre presente também nos pequenos detalhes de nossa vida cotidiana. Sim, presente, inclusive quando dormimos. Correr afoitamente contra o tempo ou viver na superfície de si, sem interioridade, dá o sentimento de que "tudo é em vão", sem sentido. O tempo é um aliado quando coroado de sentido, por exemplo: se não aproveitamos o tempo para amar, provavelmente boa parte do tempo é desperdiçado. O amor não vivido é irrecuperável! A densidade de amor de nossa vida conjugal é responsabilidade totalmente nossa. Podemos correr o risco de passar ao lado dessa verdade, e por justificativas aparentemente verdadeiras...

Para aprofundar

- Sou uma pessoa inquieta?
- Costumo descarregar meu estresse sobre aqueles que amo?
- A fadiga e o estresse são os inimigos do amor conjugal: busco encontrar tempo para descansar?

21

Salmo 128(127) — 1-5

*Eis como será abençoado o homem
que teme o Senhor*

Feliz aquele que teme o SENHOR,
e segue seus caminhos!
Comerás do fruto de teu trabalho,
para tua felicidade e prosperidade.

Tua esposa será como videira fecunda
no interior de tua casa;
teus filhos, como rebentos de oliveira
ao redor de tua mesa.

Eis como será abençoado
o homem que teme o SENHOR.
De Sião, o SENHOR te abençoe,
e verás a prosperidade de Jerusalém,
todos os dias de tua vida.

MEDITAÇÃO PARA O CASAL

Temor de Deus é estremecer diante da grandeza de seu amor e tomar consciência de nossa pequenez em retribuir. Mas responder ao seu amor pode ser muito simples, muito encarnado: nutrir-nos do trabalho de nossas mãos, amar a esposa e respeitá-la em seu papel de mulher, esposa e mãe, o marido em seu papel de homem, esposo e pai, abençoar o pão cotidiano e os filhos ao redor da mesa. Outrora, ser feliz significava ter com que alimentar sua família diariamente: Deus era abençoado por esse bem-estar tão simples, que se recebia de suas mãos. Com o aumento do nível de vida, obviamente muito benéfico, talvez tenhamos perdido o sentido da sobriedade, que leva à gratidão de louvor, não obstante o surgimento de outras rotineiras dificuldades na vida. Os casais de hoje talvez tenham uma ideia muito romântica do bem-estar, da felicidade, levando-os exclusivamente para o lado sentimental e material. É "indispensável" uma casa ou um apartamento próprio, com um quarto especial para o bebê, para fundar uma família... mas também sobrar tempo para viajar, senão... e tantas outras preocupações! Se for esse o fundamento, então não tardarão as ilusões, as frustrações, e rapidamente podemos cansar-nos do outro, tornando-o responsável por nossa tristeza.

Oração dos esposos

Senhor, obrigado por minha esposa(meu esposo)! Obrigado por nossa família! Nós te apresentamos nossa vida a dois, a relação que no une desde o início de nosso amor até hoje. Tu já estavas presente no momento em que nos encontramos, mesmo que ainda não tivéssemos consciência. Tu nos acompanhaste durante estes anos. Desejas nossa felicidade. Tu sabes o que nos atraiu um ao outro. Senhor, renova nosso primeiro momento de encontro, vem purificar nossos olhares, nossas expectativas de amar e ser amado. Somente tu saciarás nossa sede de amor! Encha-nos de santo temor. Vem curar nossos medos de deixar de amar, nossos medos de sermos engolidos por um amor demasiadamente possessivo, exigente, nossos medos de desaparecer na relação, de perder nossa liberdade... Vem Senhor, vem visitar nossos medos do "por toda a vida", ou do "pelo que der e vier", que data de quando nos assumimos um ao outro. Senhor, tu queres nossa felicidade, seja louvado por tua presença e tua benevolência para conosco. Nós te agradecemos por esta promessa de felicidade que recebemos ao nos casarmos, felicidade que é compartilhada de tua vida divina no coração do amor humano entre o homem e a mulher.

22

Salmo 145(144)
8-10.15.17-18

O Senhor está próximo daqueles que o invocam

O SENHOR é clemente e misericordioso,
lento na cólera e rico de amor;
o SENHOR é bom para com todos,
e cheio de misericórdia para todas as criaturas.

Todas as tuas obras, SENHOR, te darão graças,
e teus fiéis te bendirão!

Os olhos de todos em ti esperam
e tu lhes dás o alimento no tempo oportuno.

O SENHOR é justo em todos os seus caminhos
e fiel em todas as suas obras.
O SENHOR está próximo de todos os que o invocam,
de todos os que o invocam com sinceridade.

MEDITAÇÃO PARA O CASAL

Deus é bom, compassivo, de uma bondade às vezes difícil de acreditar porque nossos olhos estão fechados, presos às coisas terrestres. Podemos nos encontrar numa situação de angústia no plano financeiro: difícil de pagar as despesas, os filhos custam caro, os empréstimos são pesados... Senhor, não aguentamos mais, não vemos com clareza, onde estás? No entanto, apesar de tudo, Ele se ocupa conosco também neste domínio, e nos dá o "alimento em tempo oportuno". Este Salmo é um convite a agradecer a Deus por aquilo que Ele é, e pelo que faz por nós. É um ato de fé. Às vezes não vemos mais nada, mas, na fé, cremos com certeza que Deus se ocupa conosco, com nossos aborrecimentos.

Para aprofundar

- Deus, para mim, está próximo? Como aproximar-me mais dele?
- "Invocá-lo com sinceridade": que sentido isso tem para mim, para o casal?
- Temos perguntas precisas para lhe fazer?

Oração para o casal

Senhor, louvado sejas por tua bondade, por tua grandeza, pelo poder de teu amor. Estamos cansados, fatigados: te apresentamos nossas preocupações, o que nos pesa, nos incomoda e abala os fundamentos de nossa vida a dois. Cremos que podes agir sobre nossas anomalias: Senhor Espírito Santo, vem atenuar o que é duro e tenso em nós. Vem endireitar o que é torto, reaquecer o que esfriou. Dá-nos a luz do verdadeiro amor para amar o outro com ternura e compaixão. Senhor, reaquece nossa esperança, faça-nos acreditar em teu amor por nós, apesar de nossas preocupações e desesperanças. Faça-nos crer que contigo nossa vida a dois será melhor e o futuro mais leve. Tu és Pai, não esqueças de tua fidelidade para com estes teus filhos! Obrigado, Senhor!

23

Salmo 148
1-4.9-14

Louvar a Deus a dois

Aleluia!
Louvai o SENHOR do alto dos céus,
louvai-o nas alturas!
Louvai-o vós todos, seus anjos,
louvai-o vós todos, seus exércitos!

Louvai-o, sol e lua,
louvai-o vós todas, estrelas brilhantes!
Louvai-o vós, os mais altos céus,
louvai-o, águas que estais sobre os céus!

As montanhas e todas as colinas,
árvores frutíferas e todos os cedros;
todos os animais selvagens e domésticos,
répteis e aves que voam;
reis da terra e todos os povos,
príncipes e todos os chefes da terra;
moços e vós também moças,
velhos e crianças!

Que eles louvem o nome do SENHOR,
pois seu nome é o único que é sublime!
Sua majestade sobre o céu e a terra,
Suscita o vigor de seu povo.

Meditação para o casal

Deus não precisa de nosso louvor. Mas o louvor nos remete a Deus, nos aproxima dele. O homem é o rei do universo, é o encarregado de Deus para elevar-lhe o louvor de toda a criação. Tudo é criado por Deus. Nosso casamento também "se refere" a Deus, que permanece o fim último de nossa existência. O universo inteiro nos acompanha nesse louvor a Deus. Não estamos sozinhos. O amor conjugal, que dilata nossos corações, nos leva a entrar nesse grande louvor cósmico. A prece de louvor nos descentra de nós mesmos, de nossa vida a dois. Ela canta a glória de Deus, a quem presta honra. Como um casal, esta forma de oração nos aproxima um do outro, nos instala na contemplação da criação e da bondade do desígnio de Deus. Ela permite relativizar, a colocar as coisas em seu devido lugar: brigas, correrias desgastantes, visitas desagradáveis... tudo é redefinido na presença benevolente e envolvente de nosso Deus, permitindo assim que Ele reine sobre os nossos corações.

Para aprofundar

- Louvar o Senhor de manhã, a dois, antes de partir para o trabalho: podemos retomar este Salmo, cantá-lo, lê-lo ou salmodiá-lo, com a ajuda de um CD de música.
- Louvar no carro ao levar as crianças para a escola: elas adoram essa forma de oração alegre e ritmada.
- Unir-se à Igreja inteira, especialmente aos religiosos e religiosas, que louvam a Deus através da Liturgia das Horas, ou Breviário.

24

Províbios 5,7-23

Prudência e castidade

Agora, filho, escuta-me, não te afastes das palavras de minha boca: desvia dessa mulher o teu caminho, não te aproximes da porta de sua casa. Do contrário estarás dando a outros tua honra e a desalmados, os teus anos; para que estranhos não se fartem com teus bens, nem o fruto de teu trabalho termine em casa alheia, e no fim te lamentes, quando teu corpo e tua carne estiverem consumidos. Então dirás: "Por que odiei o ensino, e meu coração rejeitou a advertência? Por que não escutei a voz de meus mestres, nem dei ouvidos aos educadores? Por pouco não cheguei ao cúmulo da desgraça, na presença da assembleia e da comunidade!"

Bebe a água de tua cisterna e das vertentes de teu poço! Deveriam tuas fontes derramar-se pelas ruas, teus canais de água pelas praças públicas? Sejam somente para ti, e não os repartas com estranhos. Seja bendita tua fonte, alegra-te com a esposa de tua juventude, corça querida, gazela graciosa! Que suas carícias sempre te embriaguem, e seu amor seja sempre a tua delícia!

Meu filho, por que te apaixonas pela mulher alheia e abraças o peito de uma estranha? Pois os caminhos do homem estão à vista do SENHOR: Ele observa toda a sua conduta. O malvado enreda-se nas próprias maldades e é capturado nos laços de sua culpa; ele morre por falta de disciplina, perde-se por excesso de loucura.

MEDITAÇÃO PARA O CASAL

Um discurso circunstante nos quer fazer crer ou levar ao "tanto faz", "faça segundo o teu parecer" e que "ser livre é poder escolher ao bel-prazer". Não é o que sugere a Palavra de Deus. Ela nos diz: seja prudente! O pecado se volta contra o pecador, e o faz sofrer, abreviar seus dias, pois faz perder a paz da alma, e correr o risco de enterrar o indivíduo na má conduta. É o problema da satisfação dos desejos, das paixões desenfreadas: experimenta-se sem desconfiar, acha-se o experimentado "bom", mas, depois, surge o gosto amargo, e já pode ser tarde demais. Buscar amantes não é a solução: isto pode ser agradável por um tempo, mas vai chegar o momento em que os altos e dolorosos custos aparecerão. O que parecia um "caso" acaba nos amarrando, sem conseguirmos nos desvencilhar, e assim nos tornamos "viciados" e "dependentes". Aliás, o termo "maîtresse", em francês, além de "amante", significa também "mestra", ou seja, alguém que toma conta de nossos sentimentos. Deus nos adverte contra os amores passageiros, que não engajam a pessoa inteira, que têm necessariamente uma linguagem mentirosa.

Para aprofundar

- Como encaro a necessária disciplina, a lei?
- Como regro minhas paixões?
- Sou presunçoso(a)?

25

Provérbios   31,10-13.19-20.30-31

*A mulher que teme o Senhor é
digna de louvor*

Uma mulher competente, quem a encontrará?
Seu valor é superior ao das pérolas!

Nela confia o coração de seu marido,
não lhe faltará recursos.

Ela será sua alegria, e jamais desgosto,
todos os dias de sua vida.

Ela adquire lã e linho,
e trabalha com a destreza de suas mãos.

Põe as mãos na roca,
e seus dedos manejam o fuso.

Abre a mão ao necessitado,
e estende o braço ao pobre.

Enganosa é a graça, fugaz a formosura;
a mulher que teme o SENHOR merece ser louvada.

Cantai-lhe pelo êxito de suas mãos,
e nas portas da cidade louvem-na suas obras!

Meditação para o casal

A mulher, mesmo se magnífica, não é um objeto feito para atrair o olhar dos homens ou para satisfazer suas imaginações eróticas. A mulher tem a mesma dignidade que o homem e lhe serve de apoio para sair de si mesmo, voltar-se para Deus e para os outros, a fim de aprender a viver uma interioridade que o afaste do egoísmo e de seus costumeiros ativismos. Mas a mulher também pode desviar-se de sua vocação, transformar-se conscientemente em sedutora ou querer ser o centro das atenções, inclusive de seu marido. Assim, em parte, ela se torna responsável pela tristeza da relação entre ambos. Uma mulher perfeita, em sentido bíblico, é uma mulher temente a Deus, que ouve sua Palavra e a medita em seu coração. Ela é atenciosa com seu marido, com seus filhos, e abre a porta de seu lar aos pobres e infelizes. Ela busca a felicidade de seu marido, sabendo que tanto seu marido quanto seus filhos não dependem dela, mas todos dependem de Deus.

Para aprofundar

- Estamos de acordo com a divisão das tarefas domésticas, sobre o lugar e a função de cada um?
- A mulher dona de casa tem um trabalho que merece admiração de todos: todos temos consciência disso?
- A mulher que trabalha fora de casa geralmente exerce uma dupla jornada: como seu marido pode ajudá-la para que ela não se afaste de sua vocação primeira, que é a escuta de Deus e dos outros?

26

Eclesiastes 3,1-9

Há um tempo para tudo

Para tudo há um momento, há um tempo para cada coisa debaixo do céu. Tempo de nascer e tempo de morrer; tempo de plantar e tempo de arrancar a planta. Tempo de matar e tempo de curar; tempo de destruir e tempo de construir. Tempo de chorar e tempo de rir; tempo de gemer e tempo de dançar. Tempo de atirar pedras e tempo de ajuntá-las; tempo de abraçar e tempo de se separar. Tempo de buscar e tempo de perder; tempo de guardar e tempo de jogar fora. Tempo de rasgar e tempo de costurar; tempo de calar e tempo de falar. Tempo de amar e tempo de odiar; tempo de guerra e tempo de paz.

MEDITAÇÃO PARA O CASAL

Amar não é fácil! Sobretudo quando o sentimento se enfraquece, a idade avança e o corpo não responde mais...! Deus nos fala em agir no tempo devido, e não contra o tempo, nem anacronicamente. Muitas pessoas sonham em viver eternamente jovens, leves, férteis, competitivas, sexualmente poderosas, esportivas...! É um engodo! O tempo faz parte de nossa condição humana, dado que este que deve ser integrado. O amor também se inscreve no tempo. E a fidelidade, desligada do tempo pode ser maltratada, ou seja, pode ser desviada pela tentação de amar alguém mais jovem, ou com características diferentes de meu parceiro ou parceira. Neste sentido, a velhice pode ser um tempo em que a paciência se torna mais difícil de suportar: por exemplo, pode ser difícil ver o companheiro ou a companheira evoluir numa direção que não havíamos sonhado. E isso pode ser desolador, pode impacientar. Entretanto, no engajamento de amor outrora feito existe o pressuposto a liberdade de aceitar que o outro evolua, "que ele ou ela seja o que é ou o que deve ser". Trata-se de um contínuo despojamento.

Para aprofundar

- O tempo é um amigo, não um inimigo: como me relaciono com o tempo?
- Temos entre nós diferenças na maneira de gerenciar o tempo que passa?
- Onde nos encontramos nas etapas de nossa vida de casal?

27

Eclesiastes 4,6-12

De que serve trabalhar como loucos?

Mais vale um punhado com sossego do que dois punhados com muito trabalho e correr atrás do vento. Outra vaidade tornei a descobrir debaixo do sol: há quem viva só, sem companheiro, sem filho nem irmão; todavia, não cessa de trabalhar, nem seus olhos se fartam de riquezas: "Para quem trabalho eu e me privo de satisfações?" Também isso é vaidade e tarefa ingrata. Melhor dois juntos do que um só, pois conseguirão melhor paga por seu trabalho. Se cai um, o outro pode levantá-lo. Pobre daquele que está só: se cair, não tem quem o levante. Além disso, se dois dormirem juntos, um aquece o outro; mas um só como irá se aquecer? Se a um sozinho dominam, dois juntos resistirão; uma corda tripla não se rompe facilmente.

MEDITAÇÃO PARA O CASAL

O homem é um ser de relação. Deus criou o homem e a mulher para amar, para amar-se e dar vida. O casamento é a vocação natural de todo homem. O amor dá sentido à vida, ao que fazemos. Para que trabalhar se não é por amor? Mais profundamente ainda: a dois a gente se dá apoio! O outro é uma ajuda vital para crescer, avançar e aproximar-se de Deus. A dois é mais fácil! A não ser que a relação seja tóxica, que leve a fazer o mal, a experimentar sentimentos maus que produzem atos abomináveis. Interceder um pelo outro ajuda a expulsar os "demônios", as tentações. Urge a necessidade de reconhecerem-se vulneráveis, de pedir ajuda e apoio, não ter vergonha das próprias fraquezas.

Para aprofundar

- "Uma corda tripla não se rompe facilmente": o marido, sua mulher e Deus. Eis uma aliança difícil de vencer! Cada um destes três tem seu lugar em nossa relação?
- "Se um cai, o outro pode levantá-lo": existe compaixão em nossa vida a dois quando um cai e fere o outro com sua queda?
- Para quem trabalho? Para mim? Para meu cônjuge? Para minha família? Como posso verificar isso?
- O que a pessoa ganha com todo o seu trabalho?

28

Eclesiastes 5,9-16

O dinheiro escraviza

Quem ama o dinheiro não se farta de dinheiro; nem dos rendimentos, quem ama o luxo: Também isso é ilusão. Quando aumenta a fortuna, aumentam aqueles que a consomem. Que vantagem tem o dono, além de vê-la com seus olhos? Doce é o sono do operário, quer coma muito, quer pouco; mas a fartura do rico não o deixa dormir.

Há uma triste desventura, que vi debaixo do sol: as riquezas entesouradas para a desgraça de seu dono. Num mau negócio ele perde as riquezas, e o filho que lhe nasceu fica de mãos vazias. Como saiu do ventre materno – nu, como veio – assim há de partir. De seu trabalho nada levará, nem um punhado sequer. Também isso é uma triste desventura: como veio, assim terá que partir. De que lhe serve ter trabalhado para o vento e ter gasto todos os dias no meio das trevas, desgostos, enfermidades e amarguras?

MEDITAÇÃO PARA O CASAL

O dinheiro geralmente é fonte de conflitos na dinâmica do casal: existe a pessoa tipo "mão aberta" ou "mão de vaca"! Nossa forma de ganhar dinheiro e de gastá-lo geralmente é marcada por aquilo que vivemos em família. O dinheiro pode ser um meio de consolidar o poder sobre o outro, de controlá-lo, de menosprezá-lo, ou de adulá-lo, deixando-lhe toda a responsabilidade. Equilíbrios sutis na divisão das tarefas e dos papéis emergem ao redor dessa questão, que falam também do temperamento de cada um: mais expansivo ou mais reservado, mais flexível ou mais rígido. Às vezes pode haver um período de desemprego, de insegurança material ou, ao contrário, um aporte financeiro importante, uma herança ou um rendimento na poupança, cujas visões de seu uso podem ser bastante diferentes.

Para aprofundar

- Quem decide? Quem vence sobre o tema delicado do dinheiro e dos gastos?
- Que relações mantemos com o dinheiro? Podemos falar sobre isso?
- O que nos diz a Palavra de Deus? É ouvida? Realista?

29

Cântico dos Cânticos 2,8-10.14.16; 8,6-7

O amor é forte como a morte

É a voz do meu amado! É ele que vem saltando pelos montes, transpondo as colinas. O meu amado parece uma gazela, um filhote de corça, parado atrás de nossa parede, espiando pelas janelas, espreitando através das grades. O meu amado me fala e diz: Levanta-te, minha querida, vem comigo, minha formosa!

Pomba minha, nas fendas da rocha, no esconderijo escarpado, mostra-me teu rosto, deixa-me ouvir tua voz! Porque tua voz é doce e teu rosto encantador.

O meu amado é todo meu, e eu sou dele. Põe-me como um selo sobre teu coração, como um selo sobre teu braço! Porque é forte o amor como a morte, e a paixão é implacável como a sepultura: suas centelhas são centelhas de fogo, labaredas divinas. Águas torrenciais não conseguirão apagar o amor, nem rios poderão afogá-lo. Se alguém quiser comprar o amor, com todos os tesouros de sua casa, receberá somente o desprezo.

MEDITAÇÃO PARA O CASAL

O verdadeiro amor é tão forte que queima. Queima interna e externamente. Ele reaquece, suaviza, ilumina, purifica. Mas também pode destruir tudo em sua passagem se não for controlado e canalizado numa direção. Deus bem o sabe, Ele que nos ama tão "loucamente" que ofereceu seu filho, que por sua vez se entregou até a morte de cruz. Que loucura amorosa! Nada poderá apagar o que vivemos do verdadeiro amor na terra: tudo será considerado por Deus no Céu, e transfigurado para a eternidade. Nosso amor humano, unido ao de Deus, é eterno! Deus nos ama com esse amor, com essa força do desejo que busca o outro, para tornar-se um com ele. Sim, não existem dois tipos de amor, mas só o amor verdadeiro: "O meu amado é todo meu, e eu sou dele". O outro vai ficar gravado em mim por toda a vida, e para a eternidade, como Deus, que faz morada em nós.

Para aprofundar

- De que amor estamos falando? Do sentimento? Da paixão amorosa? Sim ou não. Na verdade, eles não são suficientes. O que queima nosso coração é esse desejo de pertencer ao outro, com todo o nosso ser, e doar-nos sem medida.
- Estou consciente dessa determinação que denominamos amor?
- O amado é atencioso, espera, fala, convida, olha, elogia sua amada. Quais são as nossas linguagens de amor? Existe delicadeza, ternura, solicitude, respeito mútuo, atração física?

30

Sabedoria 3,9-13

A confiança em Deus e a fidelidade conjugal nos faz felizes

Os que nele confiaram compreenderão a verdade, e os que perseveraram no amor ficarão junto dele, pois a graça e a misericórdia são para seus santos e a visita divina é para seus escolhidos. Os ímpios, porém, receberão o castigo segundo seus pensamentos, pois desprezaram o justo e se afastaram do Senhor.

Infeliz é quem despreza a sabedoria e a disciplina. Vã é sua esperança, estéreis seus esforços e inúteis suas obras. Suas mulheres são insensatas, seus filhos, malvados, e maldita é sua descendência.

Feliz, portanto, a mulher estéril, mas irrepreensível, que não conheceu a união pecaminosa. Ela terá seu fruto no dia da visita divina.

MEDITAÇÃO PARA O CASAL

Palavras claras, mas duras também! Exigentes? Contraditórias com o amor e a misericórdia de Deus? Deus tem um coração tão duro a ponto de punir? Não, mas Deus quer a felicidade de seus filhos, dos casais que se amam e querem permanecer-lhe fiéis. Mas Ele também os previne, lhes dá regras de vida, leis de amor, para que não tropecem e não se machuquem. A loucura do homem se volta contra ele: disso o sabemos! O vemos! Às vezes nos sentimos impotentes diante da teimosia que leva a maus caminhos, ao desespero, à separação, ao divórcio. Deus fica triste. Ele tudo fez para que isso não acontecesse. Quem abandona a Deus dificilmente pode permanecer fiel à sua lei da verdade e do amor. As transgressões das leis de Deus se repetem de geração em geração: às vezes os erros dos pais pesam inconscientemente nos ombros dos filhos... Terrível complementação intergeracional!

Para aprofundar

- Qual é a nossa relação com a verdade? De qual verdade estamos falando?
- Como vejo minha família ao longo das últimas gerações?
- E a de meu cônjuge?

31

Sabedoria 7,7-16

Buscar a sabedoria: eis o segredo da felicidade!

Rezei, e a prudência me foi dada; implorei, e me veio o espírito da sabedoria. Preferi a sabedoria aos cetros e aos tronos e, em comparação com ela, tive por nada a riqueza. Não a igualei à pedra mais preciosa, pois diante dela todo o ouro do mundo é um punhado de areia, e a seu lado a prata é simples lama. Amei-a mais do que a saúde e a beleza. Quis possuí-la de preferência à luz, pois nunca se apaga o brilho que irradia. Com ela me vieram juntos todos os bens, pois havia uma riqueza incalculável em suas mãos. Alegrei-me com todos esses bens, pois é a sabedoria que os dirige. Mas não sabia que ela é a mãe de todos eles.

Aprendi-a sem malícia e a reparto com liberalidade: não escondo a sua riqueza. É tesouro inesgotável para todos; aqueles que a adquirem obtêm a amizade de Deus, pois se fazem recomendáveis pelos dons da instrução. Que Deus me conceda falar conforme desejo e ter pensamentos dignos dos dons que recebi. Pois é ele o guia da sabedoria e quem orienta os sábios. Em suas mãos estamos nós e nossas palavras, assim como toda prudência e habilidade.

Meditação para o casal

Buscar a Sabedoria é buscar Deus, seus bens, seus dons. Trata-se de uma busca ativa! Na vida a dois isto se traduz pela busca do amor caritativo, às vezes pela paciência em suportar o outro. O amor e a paciência não têm nada de *"passivo"*: não é um "estado" estar apaixonado ou ser paciente. Não se trata de sofrer, de esperar sem reagir, mesmo sorrindo ou experimentando bons sentimentos. Estes são verdadeiros e autênticos quando *ativos*, quando partem do centro da liberdade da pessoa que decide amar, que decide permanecer amando e amável (mesmo na adversidade ou na dificuldade). Desta forma o amor se torna *criativo*, ativo: ele busca permanentemente o bem do outro, respeitando-o, adotando os meios adequados para mantê-lo vivo, em prática. O amor se constrói! Trata-se de um dinamismo, de um estímulo que avança sempre mais no *dom de si* em benefício do outro. Amar é descentrar-se de si mesmo, voltar-se decididamente para o outro, buscar o que lhe proporciona prazer, o que é bom para ele, o que o faz crescer e lhe permite ser um homem ou uma mulher mais feliz e realizado.

Para aprofundar

- Qual é minha visão do amor a dois?
- O que a sabedoria de Deus me diz a este respeito?
- Como acolhê-lo em nossa vida a dois?

32

Eclesiástico 2,1-9

Preparar-se para a provação

Filho, se aspiras a servir ao Senhor, prepara tua alma para a provação. Endireita o coração e sê constante; não tenhas pressa no momento da adversidade. Apega-te ao Senhor e dele não te separes, para no fim seres enriquecido. Aceita tudo que te acontecer, e nas vicissitudes da humilhação tem paciência. Pois é no fogo que se prova o ouro e é no cadinho da humilhação que se experimentam os que são agradáveis a Deus. *Nas doenças e na pobreza, confia nele.* Confia no Senhor e Ele cuidará de ti, endireita teus caminhos e espera nele.

Vós, que temeis ao Senhor, contai com a sua misericórdia; e não vos desvieis para não cairdes. Vós, que temeis ao Senhor, confiai nele e vossa recompensa não faltará. Vós, que temeis ao Senhor, esperai felicidade, alegria eterna e misericórdia, *pois a sua recompensa é um dom eterno e jubiloso.*

MEDITAÇÃO PARA O CASAL

Amar não significa não sofrer. O sofrimento faz parte da vida. Mas não devemos procurá-lo, ele se nos apresenta sob formas as mais variadas. Nos casais, existem crises próprias da vida a dois, que podem vir de dentro ou de fora. Dentre estas crises podemos citar o desemprego, a doença, o luto, os comportamentos difíceis dos filhos.

Existem também as não aceitações das diferenças que podem ser uma verdadeira provação: diferenças entre homens e mulheres, com caráter e educação diferentes, mas também com características diferentes: organizado/desorganizado, pontual/impontual, autoritário/benevolente. Também podem existir patologias que pesam grandemente na relação conjugal: fobias, dependências, violência ativa, narcisismo ultrajante (o outro não conta, sua opinião não tem importância). Aqui se deve recorrer à ajuda profissional para não se deixar destruir, pois se trata de relações tóxicas. O papa diz: "Ter paciência não é permitir que nos maltratem permanentemente, nem tolerar agressões físicas, nem permitir que nos tratem como objetos" (*Amoris Laetitia*, n. 92).

Para aprofundar

- "Aguenta firme", diz a Escritura. Isto significa não tomar decisões na hora da tormenta, buscar ajuda e às vezes aceitar que Deus se manifeste através dessa provação inesperada.
- Manter o rumo, a oração, a confiança em Deus.
- Aprender a sofrer unidos a Jesus: amando o outro, pelo outro, pela salvação de todos.

33

Eclesiástico

3.1-6.12-14

Honrar seus pais em sua velhice

Filhos, escutai a advertência de um pai e ponde-a em prática para serdes salvos. Pois o Senhor glorifica o pai em seus filhos e consolida sobre eles a autoridade da mãe. Quem honra seu pai expia os pecados; quem respeita sua mãe é como se acumulasse tesouros. Quem honra o pai será alegrado pelos filhos e, no dia em que orar, será atendido. Quem glorifica o pai terá vida longa, e quem obedece ao Senhor proporcionará repouso à sua mãe.

Filho, ampara teu pai na velhice e não lhe causes desgosto enquanto vive. Ainda que perca a razão, sê tolerante e não o desprezes, tu, que estás em teu pleno vigor. Pois a compaixão para com teu pai não será esquecida e, em lugar dos pecados, terás os méritos aumentados.

MEDITAÇÃO PARA O CASAL

Deixar os pais no dia do casamento, condição de liberdade para vincular-se ao seu cônjuge, é uma boa coisa (mas às vezes difícil, pois se criam conflitos de lealdade, que podem durar anos). Precisamos "educar os nossos pais a nos deixar partir" quando nos casamos, isto é, reorganizar a relação que construímos com eles. Mas deixar partir não significa abandonar. A Palavra de Deus é clara: ocupemo-nos de nossos pais idosos, sozinhos, dependentes, em perda de autonomia. É uma questão de caridade bem organizada. Às vezes sua realização é onerosa, pode nos fazer renunciar determinados projetos de casal, sobretudo quando nossos filhos deixam o ninho, ocasião em que pensamos poder "aproveitar" melhor a vida. Tudo é questão de equilíbrio. O apoio, a indulgência, a paciência são dons de Deus: eles cobrirão uma enormidade de pecados nos diz a Escritura.

Para aprofundar

- "A compaixão para com teu pai não será esquecida e, em lugar dos pecados, terás os méritos aumentados": acreditamos nessa afirmação?
- Como vivemos essa recomendação do Senhor ao casal?
- E minhas relações com os meus sogros?

34

Eclesiástico

4,28–5,7

Domine as paixões e recorra à misericórdia de Deus

Luta até a morte pela verdade, e o Senhor Deus combaterá por ti. Não sejas ousado com a língua, enquanto és preguiçoso e indolente nas obras. Não te faças de leão em casa, imaginando faltas em teus servos. Não tenhas a mão aberta para receber e fechada, quando se trata de dar.

Não te fies nas riquezas e não digas: "Elas me bastam". Não deixes que teu instinto e tua força te levem a seguir as paixões do coração. Não digas: "Quem tem poder sobre mim?", pois o Senhor não te deixará impune. Não digas: "Pequei. E o que me aconteceu?", pois o Senhor é paciente.

Não fiques confiante por causa do perdão, acumulando pecado sobre pecado. Não digas: "Sua misericórdia é grande, ele perdoará a multidão de meus pecados!", pois nele há misericórdia e ira, e seu furor se abaterá sobre os pecadores.

Não tardes em voltar para o Senhor, nem adies de um dia para outro. Pois a ira do Senhor virá de repente, e no dia do castigo serás aniquilado.

MEDITAÇÃO PARA O CASAL

Feliz o homem (a mulher) cuja esposa (esposo) busca a misericórdia de Deus! Pois Deus cura da enfermidade, cura dessa repetição de nossas tendências más que danificam nossa vida a dois. A Palavra de Deus identifica aqui a incoerência de propósitos, a agressividade da linguagem, a preguiça em assumir o cotidiano, a avareza, a autossuficiência, o desprezo do outro, a presunção, o orgulho, a revolta contra Deus. Reconhecemos que todas estas características podem contaminar a harmonia conjugal e colocar o casal em dificuldade. Mas de nada servem os constantes "pedidos de perdão" que não brotam do fundo do coração, que não são sustentados por nenhum arrependimento verdadeiro, e que não levam a nenhuma mudança de comportamento. Não desafiemos a Deus: sua misericórdia não tem limites, mas Ele nada pode contra um coração fechado e autossuficiente. Existem dependências indevidas, comportamentos tóxicos e perversos que não demandam nenhuma complacência: eles precisam cessar antes de serem perdoados.

Proposta

Partilhemos a dois o texto bíblico proposto e busquemos em nós o que deve ser melhorado para o crescimento de nossa vida a dois. Talvez seja interessante buscar o Sacramento da Reconciliação.

Oração

Senhor, hoje te apresentamos nossa vida conjugal, nossa sexualidade também, que a reflete. Queremos render-te graças por esse dom que nos fizeste de poder nos entregar um ao outro, com tudo aquilo que somos. Obrigado por nosso corpo, templo de teu Espírito Santo: dá-nos a graça de amar esse corpo que nos permite expressar nosso amor por gestos apropriados. Vem agora curar e apaziguar o que nos feriu em nosso corpo, em nossas palavras, em nossos gestos. Senhor, vem visitar o que foi doloroso nesta doação total de nossas pessoas. Senhor Jesus, Tu que te ofereceste totalmente ao Pai na cruz, por nossa salvação, e que nos nutres constantemente pela Eucaristia, vem curar, vem purificar, vem endireitar o que está torto, em nossa sexualidade conjugal. Dá-nos teu Espírito Santo consolador para pacificar o que nos impede de nos doar-nos de coração puro, desapegados de nós mesmos e de nossas avarezas carnais. Senhor, vem curar nossas repulsas, nossas ausências de desejos, nossos rancores, nossos medos. Dá-nos novamente o prazer verdadeiro, que é oblação, oferenda de si. Senhor, obrigado pelo dom da vida, por esta fecundidade de nosso amor, pela responsabilidade de pais que compartilhas conosco. Espírito criador, vem nos pacificar, vem nos vivificar, vem nos recriar!

35

Eclesiástico

9,1-9

Proteger a fidelidade no casamento

Não tenhas ciúme da mulher que amas; caso contrário, lhe ensinarás a agir perversamente contra ti.
Não te entregues a uma mulher, a tal ponto que ela venha a dominar-te.
Não vás ao encontro de mulher leviana, para não caíres nunca em suas redes.
Não te demores com a tocadora de lira para não seres apanhado em suas artimanhas.
Não detenhas os olhos sobre uma jovem, para que não sejas envolvido em sua condenação.
Não te entregues às prostitutas para que não venhas a perder teu patrimônio.
Não vagueies o olhar pelas ruas da cidade, nem gires por seus recantos solitários.
Desvia da mulher bela o teu olhar e não fites a beleza que não te pertence. Muitos se transviaram pela beleza de uma mulher: o amor que daí vem se inflama como fogo.
Jamais te sentes à mesa com mulher casada, nem bebas vinho com ela numa festa, para que teu coração não se enamore dela e, por tua paixão, não venhas a cair na desgraça.

Meditação para o casal

Que belos conselhos, sensatos, mas talvez esquecidos hoje, sobretudo na era das redes sociais e das novas tecnologias da comunicação, que permitem discutir à distância, reencontrar facilmente os "ex" e os amigos da infância, ou viver relações virtuais na Internet. O que é interessante neste texto é o lugar do olhar, a questão do ciúme e a responsabilidade que temos sobre o comportamento do outro. Sendo o casal um sistema relacional, um age sobre o agir do outro. Somos corresponsáveis por nossa relação, e pela fidelidade que nos une. Se tenho ciúmes de minha esposa (ou de meu esposo) vou levá-la ou levá-lo a fazer coisas às escondidas, para não ter nenhuma necessidade de autodefesa ou de acusação. Se olho outras mulheres(homens) com olhar de cobiça, vou desencorajar minha esposa(o), que vai ou tentar entrar numa sedução exagera, ou abandonar seu aspecto exterior, já que não pode suportar a comparação com todas as outras(os), sobretudo mais jovens. A injustiça é não dar a cada um o que lhe é de direito.

Para aprofundar

- Tenho às vezes um desejo malicioso em meu olhar?
- Tenho tendência de olhar revistas, imagens, filmes que me afastam de minha esposa, de meu esposo?
- Minha memória é viciada em lembranças que parasitam a entrega da minha pessoa ao meu cônjuge?

36

Eclesiástico   11,7-19

Diálogo conjugal

Não censures antes de ser informado; reflete primeiro, depois repreende. Não respondas antes de teres ouvido e não interrompas no meio da fala.

Não questiones por uma coisa que não te diz respeito e não te metas em brigas de pecadores.

Filho, não te entregues a muitos afazeres: se os multiplicas, não ficarás sem culpa. Se corres muito, não chegarás à meta; e, se quiseres fugir, não escaparás.

MEDITAÇÃO PARA O CASAL

Inflamar-se, tomar partido, criticar, responder rapidamente, agitar-se em múltiplas ações, mesmo se nobres... Estes temperamentos vivos, hiperativos, generosos às vezes, não passam despercebidos pela Palavra de Deus. Tais atitudes podem ajudar a organizar melhor a vida conjugal, já as pessoas implicadas fazem mil coisas em casa, prestam inúmeros serviços. Entretanto, tais indivíduos também podem faltar com a "delicadeza", ou seja, a outra pessoa é consultada em tudo isso? É respeitada? Se lhe pede um parecer? Será que esta generosidade não pode tornar-se "pesada demais", ou seja, o outro ver-se-ia sem responsabilidade a compartilhar? O diálogo e a boa comunicação, a não violenta, são necessários num casal: trata-se de ficar conectados ao mundo exterior do outro, e de coevoluir com ele/ela, a fim de continuar a dançar a dança a dois, evitando uma vida "atordoada".

Para aprofundar

- Quando tomo a palavra, respeito o temperamento de meu interlocutor, de meu cônjuge?
- Costumo refletir antes de fazer uma crítica? A faço para construir ou para rebaixar?
- Qual é a qualidade de minha atitude de escuta? O outro pode concluir sua frase?

37

Eclesiástico 26,1-4.13-16

Feliz o homem que tem uma boa esposa

Feliz o marido que tem uma boa esposa: o número de seus dias será duplicado. A mulher virtuosa é a alegria do marido, que passará em paz os anos de sua vida. Uma boa esposa é uma herança excelente, reservada aos que temem o Senhor. Rico ou pobre, seu marido tem alegria no coração, e em qualquer circunstância mostra um rosto alegre.

A graça da mulher é a delícia do marido e seu senso prático lhe revigora os ossos. Mulher silenciosa é dom do Senhor e nada é comparável à alma bem educada. Mulher honesta é graça primorosa, e não há medida que determine o valor da alma casta. Como o sol que se levanta nas alturas do Senhor, assim o encanto da boa esposa na casa bem ordenada.

MEDITAÇÃO PARA O CASAL

Mais um belo texto sobre a mulher. Cheia de bondade, corajosa, de valor, sorridente, cheia de graças e talentos, discreta, que sabe conter sua língua, preparada para sua função de esposa e mãe, que sabe dominar-se, bela, que ilumina a casa. Essa mulher existe? Sim! Pois, quando amada por seu marido, a mulher se torna tudo isso. É graças a ele e ao seu olhar benevolente e de encorajamento amoroso que ela vai entregar-se totalmente. Eis a razão pela qual o homem será plenamente satisfeito: permitindo que sua mulher se torne verdadeiramente esposa e mãe! E assim ela lhe permitirá tornar-se mais homem, mais generoso e corajoso em sua entrega ao serviço dos outros e de sua família. O homem e a mulher não existem um sem o outro. Um é feliz quando o outro lhe permite ser feliz e realizado, e tudo faz para que isso aconteça.

Para aprofundar

- Espero passivamente que o cônjuge me faça feliz ou colaboro nesta tarefa?
- O que faço de concreto para ajudar meu cônjuge a realizar sua vocação?
- Qual é meu olhar sobre a mulher/o homem? É deformado por aquele que tenho sobre minha mãe(pai), minhas irmãs(irmãos), minhas(meus) "ex"?

38

Eclesiástico 30,21-25

Alegria do coração, fonte de vida

Não entregues tua vida à tristeza nem te atormentes com tuas reflexões. A alegria do coração é a vida da pessoa, e o contentamento lhe multiplica os dias. Distrai-te, consola teu coração: expulsa a tristeza para longe de ti. Pois a tristeza já causou a perdição de muitos e não traz proveito algum. A inveja e a raiva abreviam os dias, e as preocupações trazem a velhice antes do tempo. Um coração alegre favorece o bom apetite: come com gosto os alimentos.

MEDITAÇÃO PARA O CASAL

Nada mais desagradável e chato do que um cônjuge constantemente mal-humorado, que só vê o lado ruim das coisas, que se preocupa por nada, que rosna o dia inteiro. Este é um "assassino" do amor, pois o mau-humor afasta os que nos amam, já que buscam se proteger para não ser atingidos por tão contagiosa doença. O sofrimento e a tristeza são legítimos quando têm um objeto claro: uma perda, um fracasso, um ferimento. Mas eles não devem instalar-se, durar, do contrário correm o risco de corroer o coração e semear a depressão e levar o casal à catástrofe. Suportar o outro é uma virtude positiva, mas existem limites humanos. Amar-se a si mesmo, com um amor verdadeiro, é ocupar-se do sofrimento e da tristeza inevitáveis, cuidar deles, curá-los, para que eles não ocupem todo o espaço, não poluam a vida conjugal e a dos filhos.

Oração

Senhor, dá-me a alegria, a alegria de teu coração, a alegria de amar. Teu coração foi ferido pela lança do soldado, mas ele permanece aberto, continua se doando: dando amor, alegria, o Espírito Santo, os sacramentos. Não permita que nossas tristezas e sofrimentos tomem conta de nós. Ajuda-nos a compreendê-los, a cuidar deles, faça que eles nos ajudem. Teu Espírito é consolador; precisamos de consolo. Renova teu amor por meu marido, por minha esposa, por nossos filhos. Ajuda-nos a largar essa tristeza que nos atormenta, que nos impede de ser felizes e gozar a vida que nos dás, que me dás. Senhor, eu creio em ti e te amo!

39

Isaías
5,1-7

O canto da vinha: tristeza do desamor

Quero cantar para meu amigo o canto do meu amado à sua vinha: Meu amigo possuía uma vinha em uma colina fértil. Ele a cavou, tirou dela as pedras e plantou-a com mudas de uva escolhidas. No meio construiu uma torre e também escavou nela um lagar. Esperava que produzisse uvas boas, mas só produziu ruins. Agora, habitantes de Jerusalém e homens de Judá, sede juízes entre mim e minha vinha. Que mais poderia eu ter feito por minha vinha e não fiz? Por que, esperando que produzisse uvas boas, produziu apenas ruins?

Agora quero mostrar-vos o que vou fazer à minha vinha: Arrancarei sua sebe, para que sirva de pastagem, farei uma brecha em seu muro, para que seja pisoteada. Vou deixá-la abandonada: não será podada nem escavada, crescerão espinhos e matagal; proibirei às nuvens chover sobre ela. Porque a vinha do SENHOR Todo-poderoso é a casa de Israel e o povo de Judá, sua planta preferida. Ele esperava a justiça e eis a violência, a retidão e eis gritos de aflição.

MEDITAÇÃO PARA O CASAL

Deus ama sua vinha: Ele a cuida, lhe fala com palavras amorosas, está aos seus cuidados. Ele espera um retorno, como qualquer apaixonado, que por sua vez quer ser amado, olhado, levado em consideração. O que Ele poderia ter feito a mais pela vinha? Ele tentou de tudo:

falou-lhe com palavras amorosas, a olhou longamente, a tratou com delicadeza, esperando bons frutos. Seu coração está arrasado por ser desconsiderado por sua amada. Quem é essa vinha? Quem ela representa? Ela representa cada um de nós, cada casal, quando levamos nossa vida sem Deus, sem nos interessar-nos por Ele, nem por suas palavras de ternura e de bondade, sem amá-lo. Deus é um amante rejeitado, que se entristece e se zanga. Sua ira é justa, mas, em Deus, ela tem limites: são os da misericórdia de um Pai que envia seu Filho para pagar as nossas dívidas, a fim de nos resgatar.

Para aprofundar

- Já me aconteceu de sentir-me não amado ou não amada por meu cônjuge? Reconheço a linguagem de amor de meu cônjuge? Será que falamos a mesma linguagem?
- Posso ouvir e me unir aos sentimentos de Deus, que tão pouco amo, e tão mal?
- Como pedir perdão a Deus pela falta de amor, por essa ofensa? E a meu marido, à minha mulher?

40

Isaías
25,6-9

Festim das bodas

O SENHOR Todo-poderoso prepara nesta montanha para todos os povos um banquete de carnes gordas e vinhos velhos, de alimentos gordos suculentos e de vinhos velhos bem tratados. Ele fará desaparecer nesta montanha o véu estendido sobre todos os povos, o pano que cobre todas as nações. Fará desaparecer a morte para sempre. O Senhor DEUS enxugará as lágrimas de todas as faces e removerá de toda a terra a vergonha que pesa sobre seu povo, porque o SENHOR falou.

Naquele dia se dirá: Este é o nosso Deus, nele esperamos, e ele nos salvará. Este é o SENHOR em quem esperamos. Celebremos e nos alegremos com sua salvação.

MEDITAÇÃO PARA O CASAL

O casamento não é o fim último, pois nossa vida culminará em Deus: Ele será tudo em nós, numa beatitude total e eterna. As lágrimas, o sofrimento, o luto, a humilhação serão absorvidos pela profundidade do amor de Deus, que nos realizará plenamente. Então não necessitaremos mais do amor humano, já que tudo será transfigurado em Deus. Como cristãos devemos considerar nosso estado de vida e as circunstâncias de nossa vida como uma preparação para a vida eterna. Nossa vida presente é um constante caminhar em direção à vida eterna. Esta terra é apenas o palco das alegrias e das dores desse parto amoroso que é a vida, cuja origem e destino é Deus. Mas não se trata de relativizar o que vivemos nesta terra, tampouco renunciar às alegrias da vida. Ao contrário: é neste mundo que colocamos os fundamentos que vão concretizar as perspectivas projetadas para a nossa vida presente, embora qualquer provação sempre deva ser avaliada na perspectiva do reino: "Buscai primeiro o reino de Deus e sua justiça, e o resto vos será acrescentado" (cf. Lc 12,31).

Proposta

- Refletir e meditar sobre o Batismo e a vida eterna. Para mim, o que é o céu? Tenho medo da morte?
- Falamos, como casal, sobre o céu? O que, realmente, isso significa?

41

Isaías
29,13-14

Seu coração está longe de mim

O Senhor disse: Porque este povo se aproxima apenas com sua boca e louva-me apenas com seus lábios, enquanto seu coração está longe mim e o temor para comigo se baseia em um mandamento humano, exatamente por isso continuarei a agir com esse povo de maneira espantosa e assombrosa. A sabedoria de seus lábios perecerá e a inteligência de seus inteligentes sumirá.

MEDITAÇÃO PARA O CASAL

Às vezes, na vida de casal, nos sentimos afetivamente distantes um do outro: após uma discussão, em razão das preocupações de cada um, em razão das dificuldades de chegar ao final do mês com as contas em dia, ou pela dureza com que o nosso chefe no trabalho nos trata. E assim podemos nos tornar desagradáveis e maldosos, afastando-nos um do outro, e inclusive afetando nossas relações mais íntimas. E não só: nossas próprias relações com Deus, a oração, a meditação, podem tornar-se irreais, imaginárias, sem concretude na vida. Isso pode nos dar uma falsa imagem de Deus, imaginando-o distante, despreocupado conosco, quando, na verdade, somos nós que nos afastamos dele por uma relação conosco mesmos e com Ele que não lhe agrada e nos desagrada. E Deus, como age? Ele nunca deixa de nos procurar, de nos seduzir e maravilhar cotidianamente.

Para aprofundar

- E eu? Que atitude tenho quando o coração de meu cônjuge está longe de mim? Críticas, azedumes, desencorajamentos, indiferença?
- Fico amuado, amuada, ou simplesmente dou de ombros?
- Como seduzi-lo(a) novamente, sem forçar a liberdade, mas apoiados no Senhor e no Sacramento do Matrimônio?

42

Isaías
40,28-31; 41,13

Deus reconforta os casais que não se aturam mais

Então não sabes ou não ouviste? Um Deus eterno é o SENHOR, o criador dos confins da terra. Não se cansa nem se fatiga, insondável é sua inteligência. Dá forças ao cansado, e ao desfalecido renova o vigor. Jovens podem cansar-se e estafarem-se, guerreiros de elite podem tropeçar e cair, mas os que esperam no SENHOR, renovam suas forças, voam nas alturas como as águias, correm e não se fatigam, caminham e não se cansam.

Pois eu sou o SENHOR teu Deus, tomo-te pela mão direita e te digo: "Não tenhas medo, eu te ajudo!"

Meditação para o casal

O mais difícil na vida de casal é lutar e teimar permanentemente contra as mesmas coisas: tentar mudar o outro, reprimir-lhe esse ou aquele defeito, tal padrão ou tal tendência, imaginando que dessa forma a vida poderia ser mais confortável, tranquila e feliz. Então nos irritamos, escorregamos, já que nossos esforços não levam a nada, a não ser, em geral, a reforçar a tendência que buscamos combater no outro. Deus nos convida a abrir-lhe espaço, a deixá-lo agir nesses cenários repetitivos desgastantes, que sabotam a relação conjugal. Ele não cessa de criar e recriar nosso vínculo. Ele sabe do que precisamos para avançar em sua direção. Se colocarmos nossa esperança nele, pedindo-lhe auxílio e abandonando nossa autossuficiência, não somente Ele intervirá, mas, além disso, nos dará novas forças para continuar nossa caminhada. Não custa tentar!

Oração dos esposos

Senhor, vem em nosso socorro! Tu prometeste nos apoiar: estamos fartos, cansados, esgotados. Essas noites sem sono, esses filhos difíceis, essas disputas incessantes, essa sogra invasiva e exigente, esse desemprego que ronda e que introduz desconfiança entre nós, (acrescentar outras coisas que incomodam no momento).

Nós nos entregamos a ti, certos de teu amor, de tua fidelidade à tua promessa. Colocamos nossa esperança em ti. Dá-nos novas forças, um amor renovado. Tu que dás forças ao homem fatigado, aumenta o vigor daquele que falha. Que tua graça nos sustente, e nos permita continuar nossa caminhada, essa vida a dois. Obrigado, Senhor! Louvado seja o teu nome, louvado seja o bem que fazes!

43

Isaías
43,18-21

Esquecer o passado

Não recordeis os acontecimentos de outrora nem presteis atenção aos eventos do passado. Eis que faço uma coisa nova! Já está despontando, não o percebeis? Sim, abro uma estrada no deserto, faço correr rios em terra árida. Os animais selvagens me darão glória, os chacais e os avestruzes, pois dei água ao deserto e rios à terra árida, para matar a sede de meu povo escolhido. O povo que criei para mim proclamará meu louvor!

MEDITAÇÃO PARA O CASAL

Deserto, lugares áridos, isto pode significar entre nós uma dificuldade de comunicação, uma infidelidade, uma mentira, uma crise que perdura, uma falta de sentimentos, um desamor... O casal está sujeito a atravessar um deserto: perda de confiança no outro, dúvidas sobre a solidez da união, dificuldade de ver uma saída e de se recuperar. Duas atitudes são possíveis: remoer, ruminar, remexer lembranças antigas, críticas, insatisfações, atirar tudo na "cara" do outro como forma de cobrança; ou por um ponto-final, selecionar os fatos negativos, decidir esquecê-los, cessar de ruminá-los como goma de mascar que cola no céu da boca e ativa a memória. Deus faz do antigo novo, se lhe oferecermos confiantes e decididamente o antigo. Oferecer significa desapegar-se, buscar esquecer todas essas lembranças que atrapalham nossa relação.

Para aprofundar

- Estamos atravessando por algum deserto em nossa vida conjugal? Por quê? Desde quando?
- Que caminho o Senhor quer traçar para nós dois nestes desertos? Que água ele nos dá para refrescar nossa vida e dar-lhe um novo sabor?
- O casal que somos, não faz parte "desse povo que Deus criou para si?" Temos consciência que Deus nos escolheu, nos elegeu, nos preferiu? Qual é o nosso reconhecimento diante disso, apesar de nossos desertos existenciais?

44

Isaías 49,13-18

Deus consola e cuida de nossa vida a dois

Céus e terra, entoai cantos de júbilo e alegria, montes, explodi de alegria! Pois o SENHOR consolou seu povo e se compadeceu de seus pobres. Mas Sião reclama: "O SENHOR me abandonou, meu Deus me esqueceu!" Pode uma mulher esquecer seu bebê, deixar de querer bem ao filho de suas entranhas? Mesmo que alguma esquecesse, eu não te esqueceria! Eis que eu te desenhei na palma das mãos, e tuas muralhas estão sempre à minha vista. Teus reconstrutores se apressam, os que te demoliram e devastaram retiram-se de ti. Levanta os olhos e olha ao redor: todos eles se reuniram e vieram para junto de ti! Por minha vida – oráculo do SENHOR – todos eles serão teu vestido e adorno, serão teu véu de noiva.

MEDITAÇÃO PARA O CASAL

Às vezes imaginamos que a ira de Deus nos espreita. E chegamos a considerá-lo responsável por nossa infelicidade, por nossos fracassos. Teria Deus deixado de ser todo-poderoso? Não poderia Ele intervir e impedir que essa doença, esse desemprego interminável, essas disputas que diariamente surgem sobre o mesmo tema, essas dificuldades de compreensão se repitam? Deus, de fato, não nos abandona! Ele é um Pai amoroso que não esquece seus filhos, mas lhes dá a liberdade, e inclusive lhes ofereceu seu próprio filho Jesus para esclarecer o sentido da vida, para ensinar como amar e ser feliz. Pertencemos eternamente ao Senhor e nossos nomes estão gravados na palma de suas mãos, e temos a certeza de que Ele se lembrará de nós, e nos fará participar da felicidade eterna de seu Reino, preparado no céu para todos nós.

Oração

Este cônjuge, que escolhi, e que me deste, Senhor, não o suporto mais! Tenho a impressão de ter sido esquecido por ti, que tuas belas promessas no dia de nosso casamento, não as sustentas mais: me sinto só, abandonado por ti, Senhor. Negligenciaste-me, abandonaste-me, Senhor? Estou triste, desamparado. Esse ideal de vida a dois, de família, que tanto pus fé... teria sido um sonho? Vem em nosso socorro para que não coloquemos os pés pelas mãos, não sedamos aos nossos inimigos que querem demolir nossa união. Senhor, salve nosso casamento, não permita que destruam nossa união, nos dividam. Mostre-nos teu amor e tua misericórdia.

Proposta

Reservar um tempo para contemplar o amor pessoal de Deus por cada um de nós. Meditar os versículos 15 e 16: *"Pode uma mulher esquecer seu bebê, deixar de querer bem ao filho de suas entranhas? Mesmo que alguma esquecesse, eu não te esqueceria! Eis que eu te desenhei na palma das mãos, e tuas muralhas estão sempre à minha vista".*

45

Isaías
50,4-9

Deus inspira nossas palavras diante dos aborrecimentos ou em face do esgotamento do outro

O Senhor DEUS me deu língua de discípulo, para que eu saiba confortar o abatido com uma palavra de alento. Cada manhã ele desperta meu ouvido, para prestar atenção como um discípulo. O Senhor DEUS me abriu o ouvido, e eu não fui rebelde nem recuei. Entreguei minhas costas aos que me batiam, e minhas faces aos que me arrancavam a barba; não escondi o rosto aos ultrajes e às cuspidas. O Senhor DEUS me presta auxílio: por isso não me deixei vencer pela ignomínia; por isso conservei meu rosto duro como pedra, e sei que não ficarei envergonhado. Quem defende meu direito está ao meu lado: Quem ousará mover-me um processo? Comparemos juntos! Quem me acusará? Que se apresente! Vede, o Senhor DEUS me assiste; quem ousará condenar-me? De fato, todos se desfazem como veste que a traça corrói.

MEDITAÇÃO PARA O CASAL

A depressão, a doença psiquiátrica, as personalidades narcisistas, o que fazer quando um cônjuge é atingido por essas doenças? Não existe resposta pronta. Mas uma delas é refugiar-se em Deus para nele encontrar segurança, força e consolação. Ele permite que não nos revoltemos, que nos identifiquemos com Ele na Paixão experimentando os mesmos sentimentos dele: não se esquivar, não fugir, não se deixar levar pela injúria, pelos insultos injustos. Trata-se de um apelo, mas também de uma graça para alguns. Nem todos são chamados a viver essas situações. Que ninguém julgue. A consciência é o lugar mais íntimo e profundo de cada pessoa onde as decisões mais pessoais são tomadas: Deus está aí presente, Ele assume nossa defesa e não nos condena quando, conscientemente e inspirados pelo Espírito Santo, decidimos.

Proposta

- Reler a Paixão em São Mateus (Mt 26,14 a 27,66).

46

Isaías 58,13-14

Honrar na vida do casal o domingo

Se não puseres o pé fora de casa no sábado e não te dedicares aos negócios no meu dia santo, se considerares o sábado um dia de festa, digno de veneração o dia consagrado ao SENHOR; se o honrares, evitando viagens, negócios e transações, então encontrarás tua alegria no SENHOR; eu te farei andar de carro sobre as alturas da terra e desfrutar a herança de teu pai Jacó, pois foi a boca do SENHOR que falou.

MEDITAÇÃO PARA O CASAL

Este texto questiona a maneira com que vivemos o dia do Senhor: o domingo, dia da ressurreição. É um dia santificado por Deus desde a Criação: no sétimo dia Deus conclui sua criação e descansa de todo o trabalho com a obra que realizou. Se Deus descansa, isto nos diz que o homem não está "acima" de seu criador, que o fez à sua imagem. Nós temos necessidades de descanso individualmente, como casal e como família. Não somente para dormir ou viver à toa (o que é impossível em família), mas para tomar distância dos afazeres, para meditar, para contemplar também. Se só temos os olhos voltados para "a trabalheira" o tempo todo, já não podemos mais discernir, e inclusive amar: assim caímos na rotina, nos habituamos com a presença do outro, diante do qual não nos maravilhamos mais, não "jogamos mais tempo fora" em bate-papos, não reservamos mais o tempo necessário para distribuir gratuitamente o amor, para aprofundá-lo, para fazê-lo crescer...

Proposta

Passar um domingo diferente dos outros: reservar um tempo de louvor a dois pela manhã, deixar de lado as coisas corriqueiras para dar mais qualidade ao tempo vivido a dois, dedicar um tempo maior a um filho mais reticente em algumas coisas que julgamos importantes para ele.

47

Isaías 60,15-19

Promessa de restauração, declaração de amor

Estavas abandonada, eras odiada e ninguém te visitava, mas faço de ti o orgulho perpétuo e a alegria para todas as gerações. Sugarás o leite das nações e os reis te alimentarão com o melhor. Então reconhecerás que eu, o SENHOR, sou teu salvador, teu defensor, o Poderoso de Jacó. Em lugar do cobre, trago ouro, e prata em lugar do ferro; em lugar de madeiras, trago cobre, e ferro em lugar de pedras. Como tua autoridade estabelecerei a paz, e como teu governo, a justiça. Já não se ouvirá falar de violência no teu país, nem de ruína e devastação no teu território; às tuas muralhas chamarás "Salvação" e às tuas portas, "Louvor". O sol já não será tua luz durante o dia, nem a lua te iluminará com seu brilho durante a noite, mas o SENHOR será tua luz permanente e teu Deus, teu resplendor fulgurante.

MEDITAÇÃO PARA O CASAL

A violência... Como ela pode se instalar num casal, e em sua passagem tudo destruir? A violência não é só agressividade; ela é a destruição do outro, é uma patologia de vínculo: aquele ou aquela que amo, por quem tenho um vínculo afetivo, através de um amor disfuncional posso maltratar, odiar, ter ciúme doentio, e que, consciente ou inconscientemente, quero destruir por um mecanismo de dominação ou de crueldade. Cabe a cada um a busca de caminhos, de atitudes concretas a tomar para fazer a violência cessar. Muitas vezes trata-se de reproduções de cenários aprendidos ou sofridos na infância. Em alguns casos a ajuda profissional faz-se necessária. Mas, para quem tem fé, também precisa confiar na força curadora e restauradora de Deus. Sobretudo para quem faz de Deus sua luz eterna, como diz o profeta Isaías acima.

Para aprofundar

- Tenho consciência de meus comportamentos deslocados, agressivos, violentos?
- Nego aquilo que minha mulher, meu marido, dizem de mim?
- Como entendo essa afirmação da Palavra de Deus: "Já não se ouvirá falar de violência no teu país"? Posso fazer alguma coisa?

48

Isaías
62,3-6

O Senhor te desposará

Serás uma coroa magnífica na mão do SENHOR e uma tiara real na palma da mão de teu Deus. Já não te chamarão "Repudiada", e tua terra já não será chamada "Abandonada"; serás chamada, isto sim, "Minha querida", e tua terra terá o nome de "Desposada". Pois o SENHOR te concede o seu amor, e tua terra será desposada. Pois como o jovem se casa com uma moça, assim o teu arquiteto te desposa, e como o noivo se alegra com a noiva, teu Deus se alegra contigo. Sobre tuas muralhas, Jerusalém, coloquei sentinelas, nem de dia nem de noite, jamais poderão ficar caladas: "Vós que deveis lembrar ao SENHOR, não vos deis repouso!

MEDITAÇÃO PARA O CASAL

Mesmo casados, o Senhor quer nos desposar. Não existe contradição nem oposição. O casamento é para esta vida. No Céu, não existe mais nenhuma necessidade de sacramentos. O amor que marcou nossa vida de casal certamente terá um peso, mas o amor de Deus por nós tudo abarca: ele será tudo em nós e tudo será transfigurado! Esta visão escatológica não deve nos assustar: Deus não pedirá de volta seus dons, não anulará o amor que nos fez viver. Ao contrário: este amor será elevado, realizado plenamente, eternizado. Se, em nossa condição humana, atravessamos dificuldades em nossa vida a dois, nos braços de Deus teremos um amor total, cumulado, que nos permitirá sermos nós mesmos nele. Esta é a esperança que nos anima. Nenhum amor terreno, humano, poderá nos realizar plenamente sobre a terra, pois fomos criados para o Infinito. Fomos feitos por Deus. O outro me é dado para aproximar-me de Deus.

Proposta a dois

Reservar um tempo de adoração juntos durante a semana.

A adoração é o ato pelo qual reconhecemos que Deus é Deus. Frequentemente o adoramos no Santíssimo Sacramento, Jesus escondido na hóstia consagrada pelas mãos do sacerdote por ocasião da missa. Adorar é reconhecer-se criatura diante de Deus, criatura pequena diante de sua grandeza. Sim, enquanto casal somos "pequenos" diante de Deus. Nossa vida, nosso amor, tudo é ínfimo diante da grandeza do Criador. Depositemos diante dele toda a nossa vida: nossas alegrias, trabalhos, família, interrogações, pois somos a alegria de Deus! Acolhamos essa boa-nova.

49

Isaías 62,4-6

Deus apaixonado por cada cônjuge

Já não te chamarão "Repudiada", e tua terra já não será chamada "Abandonada"; serás chamada, isto sim, "Minha querida", e tua terra terá o nome de "Desposada". Pois o SENHOR te concede o seu amor, e tua terra será desposada. Pois como o jovem se casa com uma moça, assim o teu arquiteto te desposa, e como o noivo se alegra com a noiva, teu Deus se alegra contigo. Sobre tuas muralhas, Jerusalém, coloquei sentinelas, nem de dia nem de noite, jamais poderão ficar caladas: Vós que deveis lembrar ao SENHOR, não vos deis repouso!

MEDITAÇÃO PARA O CASAL

O Sacramento do Matrimônio é sinal de uma realidade maior: as núpcias de Deus com seu casal, com cada um dos dois. Essa realidade espiritual, segundo São Paulo, é um mistério: ela nos ultrapassa infinitamente. Deus quer "desposar" sua criatura, nela Ele encontra sua maior alegria: trata-se de uma grandiosidade tamanha que, diante desse mistério, não somos nada! Isto não suprime absolutamente a realidade humana de nossa vida conjugal, tampouco o apelo feito no dia de nosso casamento de conformar nosso amor conjugal ao de Deus por toda criatura, e de Cristo por sua Igreja. Mas, diante de todas as nossas imperfeições, diante dos limites do amor humano e das decepções que podem nos ocorrer, Deus promete infinitamente mais: o maior, o mais belo, o mais sublime amor por nós! Jamais devemos esquecer que nossa vida na terra é apenas uma passagem! As núpcias do Cordeiro nos são prometidas!

Para aprofundar

- Vivo numa espécie de concorrência, de rivalidade entre o amor de Deus por meu cônjuge e o amor que lhe dedico?
- Deveria tornar menos ideal a ideia que tenho da vida a dois, do casamento?
- Já refleti alguma vez sobre esse "amor" esponsal de Deus por nós?

50

Isaías
65,17-21

Promessa de prosperidade

Sim, vou criar novo céu e nova terra; já não haverá lembrança do que passou, nisto já não se pensará. Antes, exultai e alegrai-vos sem fim por aquilo que eu crio. Pois faço de Jerusalém uma cidade de júbilo e de seus habitantes um povo alegre. Vou rejubilar-me por Jerusalém e alegrar-me por meu povo; nela já não se ouvirão choros nem gritos de dor; não haverá crianças que vivam apenas alguns dias, nem anciãos que não completem os seus dias. Pois será jovem quem morrer aos cem anos, e quem não chegar aos cem anos será como um amaldiçoado. Construirão casas para nelas morar, plantarão vinhas para comer seus frutos.

MEDITAÇÃO PARA O CASAL

Eis um texto cheio de esperança! E, ao mesmo tempo, não é exatamente isto que vivemos. Existe uma distância entre a promessa e o tempo presente, tempo de dores, lutos e decepções. O que há de mais triste que uma criança de peito levada pela morte em seus primeiros meses, que um homem atingido por uma doença grave em plena flor da idade, que um casal destruído pela morte prematura de um dos cônjuges? Deus não quer isso! Ele não quer o mal, a dor, e sofre ao ver sua criação destruída, desfigurada. Este não era o seu projeto original. O pecado semeou os germes da morte na Criação, que na origem era bela e boa, assim como o casal, que se amava com um amor puro junto de Deus. Ele quer remodelar sua criatura, quer reestruturar cada um de nós, cada casal, pela salvação trazida por Jesus. Essa salvação se desdobra no tempo. Cada casal, pelo Sacramento do Matrimônio, participa dela.

Para aprofundar

- A cruz e a alegria: já experimentamos a coexistência das duas em nossa vida de casal e de família?
- Temos consciência de sermos corresponsáveis pelo mundo com Jesus?
- Determinadas provações, lidas à luz da fé, encontram sentido nesta luz: seria possível nomear algumas delas?

51

Isaías
66,12-14

Promessa de paz

Pois assim fala o SENHOR: Eis que farei chegar a ela qual rio o bem-estar e qual riacho transbordante, as riquezas das nações. Sereis amamentados, sereis carregados nos braços, sereis acariciados sobre os joelhos. Como a mãe consola o filho, assim eu vos consolarei; em Jerusalém sereis consolados. Vós o vereis, e o vosso coração ficará cheio de júbilo, os vossos ossos ficarão verdes como o capim; a mão do SENHOR se manifestará a seus servos, mas aos inimigos fará sentir sua indignação.

MEDITAÇÃO PARA O CASAL

Ufa! Enfim, a paz: todos a aspiramos, sobretudo o casal, que precisa administrar as diferenças de caráter, as diferenças ligadas à sexualidade, as diferenças de educação e de histórias familiares com costumes que às vezes parecem incompatíveis. Esta Palavra de Deus deve ser aspirada, digerida! Mas, atenção: Deus não apaga as nossas diferenças, nossos conflitos, nossas asperezas reais da vida. Aliás, a paz que Ele promete é um "rio", uma torrente que "transborda": é algo vivo, impetuoso, que ferve! E nos damos conta que se a gente busca apenas o nosso pequeno conforto tranquilo a dois, corremos o risco de jamais receber essa paz da qual o Senhor fala. Abramos o nosso coração à grandeza de Deus: assim ele nos fará conhecer a alegria, a consolação e a paz!

Para aprofundar

- Alegria! Eis uma palavra forte. Quantas vezes tive esse sentimento? Compartilho isso com meu cônjuge?
- Nossa vida a dois é "nutrida" pelo Senhor?
- Nos sentimos "mimados" por ele?

52

Jeremias 17,5-10

Cuidar de seu cônjuge sem idolatrá-lo

Assim diz o SENHOR: Maldito o homem que confia no ser humano, que põe na carne a sua força e afasta seu coração do SENHOR! Ele será como espinheiro em terra seca. Não verá a chuva chegar, habitará os lugares secos no deserto, uma terra salgada, onde ninguém mora. Bendito o homem que confia no SENHOR, cuja confiança é o SENHOR. Ele será como uma árvore plantada junto da água, que lança suas raízes para a corrente. Ela não teme quando vem o calor; sua folhagem permanece verde; em um ano de seca não se preocupa e não para de produzir frutos. O coração é falso como ninguém; é incurável, quem poderá conhecê-lo? Eu, o SENHOR, examino o coração, sondo os rins para recompensar a cada um pela sua conduta, conforme o fruto de suas obras.

MEDITAÇÃO PARA O CASAL

Apoiar-se um no outro faz parte do engajamento matrimonial do casal. Pedir que meu cônjuge me apoie num momento difícil (doença, grande cansaço, dificuldades profissionais ou familiares), é normal! Mas nosso esposo(a) não é nosso salvador(a). Não podemos esperar nele(a) o que depende do Senhor, nosso único salvador. Seria dar-lhe uma missão impossível, com o risco enorme de levar ao fracasso e de desestimular o amor humano. O amor não consiste em consertar o outro, a encontrar-lhe soluções aos problemas de sua vida. Existe uma parte pessoal que cada um deve assumir e, às vezes, com a ajuda e o acompanhamento de um profissional ou, em termos especificamente religiosos, de um diretor espiritual, pois como vimos no texto bíblico o SENHOR, examina o coração, sonda os rins para recompensar a cada um pela sua conduta, conforme o fruto de suas obras (cf. Is 17,10).

Oração

Senhor, nós te pedimos perdão se chegamos a colocar toda a nossa confiança no outro, ao ponto de esquecer-te, ou de não contar mais contigo. Tu conheces nosso coração ferido e atormentado: vem curar o que precisa ser apaziguado, para que isso não pese em nossa relação a dois. Liberta cada um de nós do medo do desamor, do medo de ser abandonado, do constrangimento de não saber como lidar com as dificuldades. Liberta-nos do peso de nossa história familiar, quando esta gera ferimentos afetivos que constrangem nossa capacidade de doar-nos um ao outro, de amar, de deixar-nos amar. Permita-nos produzir frutos mesmo quando o sentimento amoroso nos falta. Funda nossa confiança absoluta somente em ti, Senhor! Tu és o Único, o Deus salvador, o todo-poderoso! Louvado sejas, Senhor!

53

Jeremias 31,31-34

Concluirei convosco uma Aliança nova

Virão dias – oráculo do SENHOR – em que firmarei com a casa de Israel e a casa de Judá uma aliança nova. Não como a aliança que firmei com seus pais no dia em que os tomei pela mão e os libertei do Egito, aliança que eles mesmos romperam, embora eu fosse o seu senhor – oráculo do SENHOR! Porque esta é a aliança que firmarei com a casa de Israel depois desses dias – oráculo do SENHOR. Colocarei minha lei no seu íntimo e a escreverei em seu coração. Então eu serei seu Deus e eles serão meu povo. Eles não terão mais que instruir seu próximo ou irmão, dizendo: "Reconhece o SENHOR!", porque todos me conhecerão, dos menores aos maiores – oráculo do SENHOR – porque perdoarei sua culpa e não mais me lembrarei de seu pecado.

MEDITAÇÃO PARA O CASAL

Deus não põe "panos quentes"! Tanto que Ele não anula o que fez para tirar seu povo da escravidão: Ele continua agindo da mesma forma, libertando-nos todos os dias de nossas escravidões individuais, de nossos ídolos, quando a eles nos entregamos. Mas não é só isso: Ele também quer habitar em cada um de nós, fazer sua morada em nós, inscrever sua Lei de amor no fundo de nosso coração, para nos ensinar a viver como Ele, a partir de seu Espírito. Eis a aliança nova: sua lei outrora escrita em pranchetas de pedra, hoje, se a aceitarmos, Ele a inscreverá em nossos corações. E isso transforma tudo, pois nosso casamento passa assim a inscrever-se no interior dessa "nova aliança" de Deus com os homens. Nosso amor torna-se assim amor de Deus para com toda a humanidade, sendo nosso amor o sinal mais eficaz de sua presença. Que confiança Deus depositou em nós! Ele nos dá sua graça sacramental para dela viver todos os dias. O casamento é uma aventura humana, mas esta também pode ser divina.

Para aprofundar

- Estamos conscientes de que Deus nos "embarcou" com Ele nessa grande aventura, da qual Ele é parte integrante? Estamos dispostos a ceder-lhe o volante?
- Se Deus é o "meu" Deus, então posso abandonar todos os meus ídolos, minhas falsas seguranças: dinheiro, renome, poder, busca de conforto, ideal de casal e de família que sonhei, e outros. Estou pronto? O que falta ainda?
- Vimos dito no texto: "Todos me conhecerão, dos menores aos maiores": tenho o desejo de fazer meus filhos conhecer quem é Deus?

54

Ezequiel 3,17-21

Correção fraterna a dois

Filho de homem, eu te coloquei como sentinela na casa de Israel. Logo que ouvires alguma palavra de minha boca, deverás admoestá-los de minha parte. Se eu disser ao ímpio que ele deve morrer e não falares advertindo-o a respeito de sua conduta perversa, para que ele viva, o ímpio morrerá por própria culpa, mas eu te pedirei contas do seu sangue. Se, porém, depois de advertires um ímpio, ele não se afastar da impiedade e de sua conduta perversa, morrerá por própria culpa, mas tu salvarás a vida. Se um justo se afastar de sua justiça e cometer injustiças, eu lhe porei um tropeço na frente e ele morrerá. Por não o teres advertido, ele morrerá por causa do próprio pecado, e a justiça, que antes praticou, não será levada em conta. De ti, porém, pedirei contas do seu sangue. Por outro lado, se advertiste o justo para não pecar e ele não pecou, o justo viverá porque foi advertido e tu salvarás a vida.

MEDITAÇÃO PARA O CASAL

Cada casamento é uma história de salvação, em diferentes níveis, diz o papa Francisco. A Palavra de Deus acima transcrita diz que sou responsável pela salvação de meu marido, de minha mulher: é grandioso, bonito, mas muito difícil de colocar em prática. Podemos ser maus na relação a dois: essa pode ser uma maneira de libertar-nos de nossas tensões, e frequentemente de descarregar sobre o outro o que não funciona bem em nós mesmos. Deus faz de nós "espreitadores" um do outro, encarregados de advertir-nos mutuamente. Tipo assim: atenção, estás entrando em maus lençóis, esse não é o melhor caminho, seus ditos e feitos não constroem! Trata-se de advertir e denunciar o mal, para que o outro retome o bom caminho. Não é ser moralista, tentar mudar o outro, nem se lastimar ou reclamar. Trata-se simplesmente de dar nomes às coisas. O Senhor fará o resto, no devido tempo.

Proposta

Recitar juntos este ato de contrição:

Meu Deus, lamento grandemente por ter-vos ofendido, pois sois infinitamente bom, infinitamente amável, e porque o pecado vos desagrada. Tomo a firme resolução, com o apoio de vossa santa graça, de não mais vos ofender, e de emendar-me.

55

Ezequiel
36,25-29

Deus derrama seu Espírito sobre nossa vida a dois

Derramarei sobre vós água pura e sereis purificados. Eu vos purificarei de todas as impurezas e de todos os ídolos. Eu vos darei um coração novo e porei em vós um espírito novo. Removerei de vosso corpo o coração de pedra e vos darei um coração de carne. Porei em vós o meu espírito e farei com que andeis segundo minhas leis e cuideis de observar os meus preceitos. Habitareis no país que dei a vossos pais. Sereis o meu povo e eu serei o vosso Deus.

Eu vos libertarei de todas as vossas imundícies. Mandarei que o trigo seja abundante e já não vos imporei fome.

MEDITAÇÃO PARA O CASAL

A efusão do Espírito Santo sobre um dos membros do casal, ou sobre os dois, muda radicalmente a relação entre eles. "Sereis o meu povo e eu serei o vosso Deus". Isso muda radicalmente tudo! Deus se instala no meio deles, assume seu lugar na família, para a alegria de todos. Mas é exigente, pois Deus é um hóspede que não faz barulho, mas "realoja", desinstala! Ele pressiona os hábitos, faz entrar os pobres na casa, oferece uma alegria tão incrível que pode colocar a família estendida e os amigos em constante "reconstrução". Essa situação pode ser difícil de ser vivida, pois é uma espécie de estar no mundo sem ser deste mundo. As prioridades se reordenam, as amizades se aprofundam, podem escassear, mas os engajamentos adquirem mais sentido: a vida pode se tornar mais saborosa, com uma pitada a mais de sal, embora também possa arder. Seja como for, o amor conjugal é vivificado, purificado!

Proposta

Buscar um grupo de reflexão e oração para pedir ajuda e preparar-se para que o Espírito Santo aponte melhor os caminhos de Deus.

56

Oseias
11,1-4.7-9

O amor vencerá a infidelidade

Quando Israel era um menino, eu o amei e do Egito chamei meu filho. Mas quanto mais eu os chamava, tanto mais se afastavam de mim. Sacrificavam ao deus Baal e queimavam incenso aos ídolos. Contudo, fui eu que ensinei Efraim a caminhar; eu os tomei nos braços, mas não reconheceram que eu cuidava deles! Com vínculos humanos eu os atraía, com laços de amor; eu era para eles como quem levanta uma criancinha a seu rosto, eu me inclinava para ele e o alimentava.

Meu povo está firme na apostasia. Chamam-no para o alto, mas ninguém se levanta. Como poderia eu abandonar-te, Efraim, entregar-te, Israel? Como poderia abandonar-te como a Adama, tratar-te como Seboim? Meu coração se contorce dentro de mim, minhas entranhas se comovem. Não executarei o ardor de minha ira, não tornarei a destruir Efraim, porque eu sou Deus e não homem, sou o Santo no meio de ti e não retornarei com furor.

MEDITAÇÃO PARA O CASAL

Deus "é lento na ira", mesmo diante de nossas infidelidades, da dureza de nossos corações. Ele não se irrita. Não é um Deus que se deixa levar pelas pulsões quando alguma coisa não funciona ou quando alguém não faz sua vontade, o trai, o magoa. Ele não se desfaz de seu costumeiro amor, tampouco "fica cego de raiva". Ele não exige tudo imediatamente, mesmo que se trate da conversão do pecador. Ele sempre "dá uma nova chance" e espera por aquele que se enganou, por aquele que anda em maus caminhos, que é infiel. A paciência permite que o outro volte, reconheça as más decisões tomadas, se corrija. A paciência é uma pequena semente que plantamos em nosso íntimo: cuidamos dela regando-a, permitindo que cresça. Cultivá-la para que ela cresça significa *praticá-la*. Trata-se de uma graça a ser pedida com humildade...

Oração

Senhor, torna nossos corações semelhantes ao teu! Desde a nossa infância nos amaste, e hoje nos conheces melhor do que nos conhecemos a nós mesmos. Tu nos nutriste do leite do teu amor, de tuas consolações, nos ensinaste a trilhar o caminho da vida e do amor. Quando nos chamavas nos afastávamos, tentando nos "virar" sozinhos, por orgulho, por autossuficiência. Senhor, perdão por tê-lo ferido, ofendido. Jamais nos abandonas, jamais quebras tua aliança, apesar de nossas fraquezas, de nossas indiferenças, de nossa lentidão em voltar a ti. Senhor, dá-nos um coração compassivo como o teu para que em nossa vida a dois possamos viver segundo essa compaixão! Dá-nos tua paciência, tua bondade, tua esperança. Sozinhos nos sentimos perdidos, e nossa vida a dois pode assim correr perigos! Senhor, necessitamos de ti!

57

Ageu 1,4-9

Deus: primeiro a ser servido

É para vós tempo de habitar em casas revestidas de madeira, enquanto esta casa está em ruínas? E agora, assim diz o SENHOR Todo-poderoso: Pensai bem em vossa conduta! Semeastes muito e colhestes pouco, comestes, mas não vos saciastes, bebestes, mas não até a embriaguez, vestistes-vos, mas não vos aquecestes, e o assalariado coloca o salário em uma bolsa furada. Assim diz o SENHOR Todo-poderoso: Pensai bem em vossa conduta! Subi a montanha, trazei madeira e reconstruí o Templo! Eu me agradarei dele e serei glorificado, diz o SENHOR. Esperastes muito, mas veio pouco. O que trazíeis para casa eu o espalhava com um sopro. Por que isto? – oráculo do SENHOR Todo-poderoso. Por causa de meu Templo que está em ruínas, enquanto vós correis cada um para a própria casa.

MEDITAÇÃO PARA O CASAL

Sem amor, não sobra mais nada! Podemos preocupar-nos com o outro, mas passar ao lado dele, sem vê-lo. Podemos nos atordoar num materialismo "ao serviço" da própria família, e não mais partilhar com o sentido das coisas, não mais cultivar o vínculo com ela, seguir o próprio crescimento pessoal ou o próprio caminho de vida. O mundo de hoje tão veloz, sempre exigindo "eficácia", nos impele à urgência: o outro não é da minha conta; importa meu iPad, meu celular, meu Excel. Para amar, necessita-se de tempo! Precisamos de tempo para "abraçar", para cativar, para falar e compreender-se, sem zangar-se dizer: "Seja como for, não compreendes nada"!

Para aprofundar

- Reservamos tempo para compreender o que se passa com o outro, o que o faz viver, vibrar, sonhar?
- Meus afazeres me alimentam, dão sentido à minha vida?
- Como, a dois e em família, construímos nossa Igreja hoje?

58

Mateus 1,18-25

José e Maria: o amor expulsa o medo. Confiança na Providência

A origem de Jesus Cristo, porém, foi assim: Maria, sua mãe, estava prometida em casamento a José. Mas antes de morarem juntos, ficou grávida do Espírito Santo. José, seu marido, sendo homem justo e não querendo denunciá-la, resolveu abandoná-la em segredo. Mas enquanto assim pensava, eis que um anjo do Senhor lhe apareceu em sonho e disse: "José, filho de Davi, não tenhas medo de receber Maria, tua esposa, pois o que nela foi gerado vem do Espírito Santo. Ela dará à luz um filho, e tu lhe porás o nome de Jesus. É ele que salvará o povo de seus pecados". Tudo isso aconteceu para que se cumprisse o que o Senhor falou pelo profeta:

Eis que a Virgem conceberá e dará à luz um filho, e o chamarão com o nome de Emanuel, que significa: *Deus conosco.*

Quando acordou, José fez como o anjo do Senhor lhe tinha mandado e aceitou sua mulher. E não teve relações com ela até que ela deu à luz um filho, a quem ele pôs o nome de Jesus.

MEDITAÇÃO PARA O CASAL

O que aproveitar deste texto para nossa vida a dois, já que a experiência de vida de José e Maria é tão singular e extraordinária? Parece impossível inspirar-se do que lhes aconteceu. Todavia, José era um homem "justo", isto é, impregnado das Escrituras e que em tudo buscava fazer a vontade de Deus. A tal ponto que havia renunciado seu projeto de amor com Maria, que devia desposar, já que soubera que ela estava grávida sem ter tido relações sexuais com ele. Renunciar a Maria, que ele amava, para obedecer à Lei, era um imenso sacrifício, tanto mais que ele não podia imaginar que Maria o tivesse enganado, e que estava diante de um mistério incompreensível. Muitas coisas nos acontecem sem que as tenhamos imaginado, e que não compreendemos, ao menos no calor dos fatos! José tem um sonho, pois estes sentidos espirituais são sempre um alerta: trata-se de um homem que reza, que discerne, que busca a vontade de Deus, a fim de não perder sua fidelidade. O anjo o tranquiliza, e lhe pede que mude de projeto (repudiar Maria) e a assuma como esposa. Que alegria! Que emoção! Que coragem também, pois, provavelmente, não faltariam rumores sobre sua vida privada...

Para aprofundar

- Qual era o nosso projeto de casal ao nos casarmos?
- Tivemos que fazer nosso projeto evoluir segundo as circunstâncias de nossa vida ou diante de algum desafio espiritual?
- Quais foram os frutos?

Mateus 5,1-12

A felicidade das bem-aventuranças a dois

Ao ver aquela multidão de povo, Jesus subiu ao monte. Quando sentou-se, os discípulos se aproximaram dele. Tomou a palavra e começou a ensinar:

Felizes os que têm espírito de pobre, porque deles é o reino dos céus.
Felizes os que choram, porque serão consolados.
Felizes os mansos, porque possuirão a terra.
Felizes os que têm fome e sede de justiça, porque serão saciados.
Felizes os misericordiosos, porque alcançarão misericórdia.
Felizes os puros de coração, porque verão a Deus.
Felizes os que promovem a paz, porque serão chamados filhos de Deus.
Felizes os perseguidos por causa da justiça, porque deles é o reino dos céus.
Felizes sereis quando vos insultarem e perseguirem e, por minha causa, disserem todo tipo de calúnia contra vós.
Alegrai-vos e exultai, porque grande será a vossa recompensa nos céus. Foi assim que perseguiram os profetas antes de vós.

Meditação para o casal

As bem-aventuranças são um retrato de Jesus. O espírito das bem-aventuranças resume todo o Evangelho. Não é uma lição moral, mas uma descrição da felicidade de Deus, que quer compartilhar com os homens. Atenção! O termo "felizes" se aplica à segunda parte da frase: felizes porque o Reino dos Céus é deles, porque serão consolados, porque receberão a terra como herança, e assim por diante. Deus não quer nossa infelicidade, não quer que sejamos perseguidos. Mas ele conhece a vida dos homens na terra, e promete não abandoná-los: Ele está conosco nas tribulações, nas provações; Ele sofre conosco e, em troca, nos promete sua vida, a vida eterna, o Reino dos Céus. Este ensinamento é capital para a vida conjugal. De vez em quando o casal pode sentir-se maltratado, viver acontecimentos dolorosos que não escolheu. Jesus diz: "Não temais! Meu amor venceu todo esse mal. Permanecei unidos a mim, e eu vos prometo a felicidade nesta vida e na vida eterna também". A verdadeira felicidade é assemelhar-se sempre mais a Jesus, e fazer de todo sofrimento um ato de amor.

Para refletir

- Qual é a bem-aventurança que mais me impressiona? Por quê? A que me convida?
- Para nossa vida de casal, qual é a bem-aventurança que nos parece mais apropriada? Como ter "espírito de pobre" diante dos outros? Como ser mais doce de caráter, mais tolerante, mais paciente? Seria possível ser mais justo, ajustado às necessidades do outro, à vontade de Deus?
- Ser artífice da paz em casal e em família é buscar construí-la, fazê-la crescer, é construir pontes e não muros!

60

Mateus 5,13-14

Vós sois o sal da terra

Vós sois o sal da terra. Mas se o sal perder o gosto salgado, com o que se há de salgar? Já não servirá para nada, apenas para ser jogado fora e pisado pelas pessoas. Vós sois a luz do mundo. Não é possível esconder uma cidade situada sobre um monte.

MEDITAÇÃO PARA O CASAL

Todo casal cristão é chamado a iluminar, a brilhar, a testemunhar: que o amor é possível, que ele nos torna felizes, que ele se desenvolve e se multiplica, que evolui e se adapta às diferentes etapas da vida. Eis a grande notícia: a fidelidade é possível, Deus mantém suas promessas! A missão do casal é revelar como Deus ama, como nos ama. Isso ilumina e atrai. Assim, outros, tendo diante dos olhos exemplos dessa prática de amor, talvez se sintam mais animados a assumir o casamento, ao invés de viver outras formas de união incompletas justamente porque o engajamento não se dá por inteiro. O casal não é chamado a viver um amor fechado num narcisismo a dois: é convidado e brilhar diante dos homens, sem gabolices, mas testemunhando de maneira alegre e encarnada que com Deus tudo é possível.

Para aprofundar

- Tenho tentações narcisistas?
- Sou hesitante em minhas convicções, em minha fé?
- Um cristão sozinho é um cristão em perigo. Para que a luz de nosso casamento continue brilhando, precisamos abastecer as lâmpadas com óleo. Será que não deveríamos ter mais contato com outros cristãos em nossas comunidades de fé, rezar e celebrar com eles?

61

Mateus 5,15-16

Chamados a ser testemunhas do amor

Não se acende uma lamparina para se pôr debaixo de uma vasilha, mas num candelabro, para que ilumine todos os da casa. É assim que deve brilhar vossa luz diante das pessoas, para que vejam vossas boas obras e glorifiquem vosso Pai que está nos céus.

MEDITAÇÃO PARA O CASAL

Um casal que se ama e o demonstra publicamente, não por exibicionismo, mas naturalmente, reaquece uma vida inteira e emerge como um farol na noite. Existe o amor que devora, aprisiona e seduz, que reduz o outro a objeto: trata-se de um amor cujo inexorável destino é a autoextinção. Existe um amor delicado, centrado na pessoa do outro, amor que se oferece gratuitamente e nada espera em troca. Quanta felicidade e atração exercem esses casais que testemunham este verdadeiro amor qualitativo, cheio de ternura e delicadeza. Todos são engrandecidos por ele, já que deixa todo mundo com desejo de viver sempre mais desse amor. Por outro lado, também existe o amor frágil: ele pode perder o sabor, ser enterrado e escondido sob o peso das preocupações, da fadiga, do desânimo. Não obstante isso, as brasas estão lá: basta abaná-las...

Para aprofundar

- Como testemunhamos nosso amor conjugal?
- O que os outros dizem de nosso amor?
- Damos graças a Deus por nosso amor?

62

Mateus 5,21-24

Pedir perdão antes de ir à missa

Ouvistes o que foi dito aos antigos: *Não matarás;* quem matar será réu de julgamento. Pois eu vos digo: quem se encolerizar contra seu irmão será réu de julgamento. Quem chamar seu irmão de patife será réu perante o Sinédrio, e quem o chamar de tolo será réu do inferno de fogo. Portanto, se estiveres diante do altar para apresentar tua oferta e ali te lembrares de que teu irmão tem alguma coisa contra ti, deixa tua oferta lá diante do altar, vai primeiro reconciliar-te com teu irmão e então volta para apresentar tua oferta.

MEDITAÇÃO PARA O CASAL

Pedir perdão é tão difícil quanto perdoar. É reconhecer que ferimos o outro, que criamos nele uma ofensa, um ferimento, por egoísmo, indiferença, inabilidade, maldade. Se não pedimos perdão destruímos a comunhão, deixamos de produzir as condições para que o outro possa nos perdoar facilmente, impedindo assim que ele se aproxime de nós novamente. Desta forma nos tornamos responsáveis pelo afastamento afetivo de nosso cônjuge, que corre o risco de fechar-se em seus afazeres, na Internet, na própria culpabilidade, esperando que, com o tempo, este sentimento desapareça sozinho. Sem perdoar corro o risco de recair nos mesmos erros, impedindo que a relação conjugal progrida. É óbvio que é necessária uma boa dose de humildade para reconhecer "a própria parte" no sofrimento do outro e que é insuficiente colocar a culpa inteiramente no próprio temperamento, mas é reconhecendo-nos culpados que o Senhor vai curando nossos corações empedernidos, tornando-os mais ternos e afáveis.

Para aprofundar

- Tenho consciência de ter ofendido o outro?
- O outro tem alguma coisa contra mim? Por qual motivo espera meu perdão?
- O que me impede de pedir perdão?

63

Mateus 5,27-29

*Pureza do olhar para permanecer fiel
do fundo do coração...*

Ouvistes o que foi dito: *Não cometerás adultério.* Pois eu vos digo: Todo aquele que lançar um olhar de cobiça sobre uma mulher, já cometeu adultério em seu coração. Se teu olho direito te leva a pecar, arranca-o e joga longe de ti, pois é preferível perder um dos teus membros do que teu corpo inteiro ser lançado no inferno.

MEDITAÇÃO PARA O CASAL

A tentação vem pelos sentidos (o olhar para os homens, o ouvido para as mulheres) e pela imaginação que sugere prazeres fáceis. A Palavra de Jesus é clara: temamos a queda, pois o reerguer-se é difícil... Melhor é não cair. E aqui colocar em prática a Palavra de Jesus é importante! O adultério pode ser cometido de várias maneiras: revistas, filmes e sites indecentes, ou pelas vias de fato! Facilmente passa-se do "sem importância", do "não grave", já que "não é real", às vias de fato, com consequências às vezes irreparáveis. Este é o maior ferimento numa vida a dois, pois aí existe mentira, traição das promessas feitas, falta de compromisso. Trata-se, em última análise, de uma quebra de confiança no contrato de casamento, e a confiança é algo difícil de ser restabelecido. Como voltar a confiar no cônjuge que faltou com as promessas levando uma vida dupla? Aqui urge ser auxiliado, sobretudo para compreender as raízes dessa cobiça do olhar, e para saber até onde ela pode levar.

Para aprofundar

- Qual é meu grau de cobiça carnal?
- A fidelidade é difícil para mim?
- Meu cônjuge está a par do peso que carrego neste tema?

64

Mateus · 5,37-39

Honrar as próprias promessas

Seja a vossa palavra sim, se for sim; não, se for não. Tudo o que passar disso vem do Maligno. Ouvistes que foi dito: *Olho por olho e dente por dente.* Pois eu vos digo: Não resistais ao malvado. Se alguém te bater na face direita, oferece-lhe também a outra.

MEDITAÇÃO PARA O CASAL

O "sim, mas..." vem do Maligno. Quando nos comprometemos com alguma coisa, mantemos a palavra ou, inversamente, nos omitimos. Ao optarmos por este último caso quebramos as promessas feitas. As crianças se sentem feridas quando os pais lhes prometem tempos de qualidade, de jogos, de passeios, mas nunca dispõem tempo para fazê-lo, por mais razoáveis que sejam os motivos. Neste caso é melhor não prometer! O mesmo pode acontecer com a vida de casal. Quando assumimos um compromisso a dois, trata-se de um compromisso totalizante: corpo, alma, espírito. Jesus fala dos golpes que ferem o corpo e a alma, ou seja, que ferem o mais íntimo da pessoa. Daí a necessidade de um amor-ágape, que cubra todos esses ferimentos. Ao invés de responder com violência à violência sofrida, Jesus convida a interromper a espiral infernal "desarmando" essa violência: "desejas bater-me novamente ou pretendes estabelecer comigo outra forma de relação?"

Para aprofundar

- Existem mentiras entre nós?
- A verdade é um caminho a ser conhecido. Descobrir a verdade sobre nós mesmos é buscar fazer a experiência de Jesus. Será que já fizemos a experiência real do que isso significa?
- Costumamos responder à violência com a violência?

65

Mateus 7,21-29

Construir a casa sobre a rocha

Nem todo aquele que me diz: "Senhor, Senhor", entrará no reino dos céus, mas quem fizer a vontade de meu Pai que está nos céus. Muitos me dirão naquele dia: "Senhor, Senhor, não profetizamos em teu nome, não expulsamos demônios em teu nome, não fizemos muitos milagres em teu nome?" Então lhes declararei: "Nunca vos conheci. *Afastai-vos de mim, vós que praticais o mal*. Portanto, todo aquele que ouve estas minhas palavras, e as põe em prática, será como um homem prudente que construiu sua casa sobre a rocha. Caiu a chuva, vieram as enxurradas, sopraram os ventos e deram contra a casa, mas ela não desabou. Estava fundada na rocha. Mas todo aquele que ouve estas minhas palavras, e não as põe em prática, será como um homem tolo que construiu sua casa sobre a areia. Caiu a chuva, vieram as enxurradas, sopraram os ventos e deram contra aquela casa, e ela desabou. E grande foi sua ruína".

Ao terminar Jesus estes discursos, a multidão do povo se admirava de seu ensinamento, pois ele os ensinava como quem possui autoridade e não como os escribas.

MEDITAÇÃO PARA O CASAL

Se nossa relação a dois não é construída sobre bons sentimentos e um grande ideal, ela corre grandemente o risco de um dia desabar: ao menor sinal de turbulência ela pode não resistir. E turbulências nunca faltam! Se nossa relação se fundar no projeto de Jesus Cristo, em sua Palavra, inserido em sua e em nossa Igreja, então essa relação não desabará. A graça de Deus proverá a força e os meios para superar as dificuldades, as provações, as tempestades, e permitirá a emergência de um amor ainda mais forte. Esta é a grande diferença entre um contrato e uma aliança: um contrato pode ser quebrado por uma das partes, ou por um acordo entre ambas. A aliança, sobretudo quando inserida numa Aliança maior, mais forte, eterna, é indissolúvel. Ninguém pode separar Deus daquilo que Ele mesmo uniu. A indissolubilidade do matrimônio sacramental é entendida nessa lógica.

Para aprofundar

- Que espaço reservamos à oração e à escuta da Palavra de Deus a dois?
- Temos o costume de ir à missa juntos? Com que frequência?
- Tenho consciência de que quanto mais me uno a Deus, mais me uno ao meu companheiro ou à minha companheira? Trata-se de um mesmo amor, já que ele procede da mesma fonte!

66

Mateus 8,23-27

Jesus acalma a tempestade

Jesus entrou no barco e os discípulos o seguiram. De repente uma grande tempestade se levantou no mar, a ponto de o barco desaparecer entre as ondas. Jesus, porém, dormia. Os discípulos foram acordá-lo, dizendo: "Senhor, salva-nos! Vamos morrer"! Ele respondeu-lhes: "Por que este medo, homens de pouca fé? Em seguida levantou-se, repreendeu os ventos e o mar, e se fez grande calma. Os homens se admiraram dizendo: "Quem é este a quem até os ventos e o mar obedecem?"

MEDITAÇÃO PARA O CASAL

As crises conjugais são normais na vida do casal. Elas podem ser inclusive sinal de vitalidade, e geralmente fator de crescimento quando bem gerenciadas e superadas. Se um dos dois se fecha na negação, então a crise dura, e os estragos podem ser graves. Então faz-se necessário gritar forte ao Senhor, como o fizeram os apóstolos na barca: Ele se comprometeu conosco no dia do casamento, e certamente nos esclarecerá as causas dessa crise. Elas podem estar ligadas a fatores externos (o tempo que passa, acontecimentos exteriores que afetam a vida a dois) ou internos (relações que se deterioram aos poucos, falta de comunicação adequada, questões de afetividade, entre outras.) Um dos dois cônjuges também pode estar passando por uma crise pessoal que abala o casal: depressão, crise da meia-idade, pane do desejo, infidelidade, e outras situações.

Para aprofundar

- Nossa vida matrimonial está passando por alguma tempestade?
- Quais são os inimigos de nossa vida a dois? Às vezes precisamos de uma ajuda psicológica para saber de onde as tempestades surgem: estamos dispostos a averiguar isso?
- "Até os ventos e o mar lhe obedecem!" Com mais razão ainda os inimigos de nossa convivência a dois podem ser submetidos ao poder do Senhor: cremos realmente nisso?

67

Mateus 9,10-13

Jesus come com os pecadores

E aconteceu que, enquanto estava em casa sentado à mesa, chegaram muitos publicanos e pecadores e se assentaram com Jesus e os discípulos. Vendo isso, os fariseus disseram aos discípulos: "Por que vosso mestre come junto com cobradores de impostos e pecadores?" E ele, que os ouvira, respondeu-lhes: "Não são os que têm saúde que precisam de médico, e sim os enfermos. Ide e aprendei o que significam as palavras: *Quero misericórdia e não sacrifícios*. Porque não vim para chamar os justos, mas os pecadores".

MEDITAÇÃO PARA O CASAL

Ainda hoje Jesus convida todos os pecadores, sejam eles quem forem, a aproximar-se dele e a sentar-se à mesa com Ele. Jesus não teme por sua reputação, não teme contaminar-se, tampouco com o que os outros podem dizer. Ele oferece a salvação a todos os que têm sede do amor verdadeiro, e os busca, mesmo por vias que podem causar certos impasses. Ele não teme as más línguas, nem ser rejeitado. Ele prefere uma Igreja com os pés enlameados por estar do lado dos rejeitados do que uma Igreja feita de "puros", fechada em si mesma, que não estende sua mão aos doentes e marginalizados a fim de integrá-los. É a misericórdia que Ele deseja, não o sacrifício.

Oração

Senhor, vem sentar-te à nossa mesa! Nosso casamento não é "melhor" do que dos outros. Somos pobres, fracos, vulneráveis, dois feridos pela vida e pelo amor que caminham juntos na mesma direção. Vem caminhar conosco, se for de teu agrado! Tira de nossos corações essa propensão de acreditarmo-nos melhores do que os outros, menos "doentes" e mais "puros" que os demais. A salvação que nos trazes é primeiramente individual, mas é também a nossa relação que vens purificar, fortificar, sanear. Obrigado por dar-nos o amor com que nos amamos, um amor misericordioso, e não um amor como dever e sacrifício. Abre nossa casa aos que são diferentes. Torna-nos desejosos de anunciar tua misericórdia aos que a buscam sem sabê-lo. Livra-nos de todo sentimento de orgulho, de superioridade, de autossuficiência. Obrigado por tua salvação em Jesus Cristo!

68

Mateus 11,28-30

Jesus, manso e humilde de coração

Vinde a mim vós todos que estais cansados e sobrecarregados, e eu vos darei descanso. Tomai sobre vós o meu jugo e aprendei de mim, que sou manso e humilde de coração, e *achareis descanso para vossas almas*. Pois meu jugo é suave e meu peso é leve.

MEDITAÇÃO PARA O CASAL

Por que o jugo de Jesus é mais fácil de carregar do que o nosso? Porque o carrega por amor, com amor, no amor, pelo amor. Tudo nele é amor, e assim nos mostra como avançar a dois, lado a lado, nesse amor. Com Ele tudo se torna mais leve, mais prazeroso, mesmo as coisas difíceis e penosas. Jesus nos convida, como casal, a caminhar ao seu lado, a carregar seu fardo e o nosso próprio fardo: juntos carregamos nossos fardos, Ele o nosso, nós o dele, e todos avançaremos no mesmo caminho. O verdadeiro descanso é "em Deus": quantas vezes voltamos de férias ou de viagem esgotados, insatisfeitos? Tornar-se manso e humilde de coração: eis um belo programa a dois, que vai restaurar a paz de nossos primeiros anos conjugais!

Para aprofundar

- Como tornar mais agradável e leve a vida a dois?
- A humildade cresce ao aceitar as contrariedades e as humilhações. Como reajo diante das humilhações?
- Alguma vez pensei em compartilhar o jugo de Jesus em vista da salvação de todos, e especialmente a de meu cônjuge?

69

Mateus — 13,24-30

Parábola do joio

Jesus lhes propôs outra parábola: "O reino dos céus é semelhante a um homem que semeou boa semente em seu campo. Mas, enquanto todos dormiam, veio seu inimigo, semeou uma erva daninha, chamada joio, entre o trigo e foi embora. Quando o trigo germinou e fez a espiga, apareceu também o joio. Então os escravos do proprietário foram dizer-lhe: 'Senhor, não semeaste semente boa em teu campo? Donde vem, pois, o joio?' Ele respondeu: 'Foi um inimigo que fez isso'. Os escravos lhe perguntaram: 'Queres que o arranquemos?' Ele respondeu: 'Não, para que não aconteça que, ao arrancar o joio, arranqueis também o trigo. Deixai que os dois cresçam juntos até à colheita. No tempo da colheita direi aos que cortam o trigo: colhei primeiro o joio e atai-o em feixes para queimar; depois, recolhei o trigo no meu celeiro'".

MEDITAÇÃO PARA O CASAL

A grande tentação na vida a dois é querer mudar o outro, torná-lo "perfeito". Como se fosse mais fácil de amá-lo se ele parasse de contrastar com aquilo que eu quero, e correspondesse assim a todas as minhas expectativas. Suprimir todos os seus erros, impedir-lhe falsos passos e recaídas, seria realmente o melhor? Jesus ensina outra tática: amar seu cônjuge como ele é, com seu lado sombrio e luminoso. Somente ele pode julgar "as intenções do coração", distinguir o bom do ruim. Nesta terra, os dois aspectos se misturam, e de tanto insistir nos aspectos negativos podemos destruir os positivos, destruir o trigo juntamente com o joio. Confiemos no mestre da colheita: ele fará a triagem no devido tempo. Por enquanto, aprendamos a nos "suportar" e busquemos ver o lado positivo das coisas, para não destruir a colheita final.

Para aprofundar

- Lembrar o que nos atraiu no outro no momento em que nos encontramos pela primeira vez. Buscá-lo nele ou nela hoje!
- Listar cinco qualidades de minha esposa (meu esposo) e dar graças a Deus por elas!
- Tenho a tentação de arrancar logo o joio da ceara de meu cônjuge?

70

Mateus   16,24-28

Perder a própria vida por seu esposo, por sua esposa

Então Jesus disse aos discípulos: Se alguém quiser vir após mim, renuncie a si mesmo, tome a sua cruz e me siga. Pois quem quiser salvar a sua vida, vai perdê-la; mas quem perder a sua vida por amor de mim, há de encontrá-la. O que adianta alguém ganhar o mundo inteiro, se vier a se prejudicar? Ou, o que se pode dar em troca da própria vida? Porque o Filho do homem há de vir na glória do Pai, com os anjos, e então dará a cada um conforme as suas obras. Eu vos garanto que alguns dos que aqui se encontram não morrerão antes de verem o Filho do homem vir em seu reino.

MEDITAÇÃO PARA O CASAL

Nosso tesouro é nosso cônjuge! Entregamos-lhe nossa vida e nossa pessoa. Não a retomemos de maneira progressiva e sutil! Existem mil formas de se proteger, de colocar-se ao abrigo, à distância. Mas é bom lembrar que já não estamos mais vivendo por conta própria, mas num regime de compartilhamento de território e de vidas. O dom de si permanece total, mesmo ao longo dos anos, o que pode ser sinônimo de carregar sua cruz. Quando já não há mais sentimentos, ou estes são negativos, quando o outro está doente, diminuído, mal-humorado, agressivo... a cruz, vivida com Jesus, e não por falta de coragem ou passividade, é o maior amor. Amar é optar, é escolher permanecer fiel contra tudo e contra todos, até o fim. Este amor é um mistério, e é dado por Jesus Cristo. Somente os que o vivem podem compreendê-lo. Às vezes estas pessoas não são bem tratadas em família, ou na sociedade, que busca forçá-las ao individualismo e ao conforto pessoal.

Para aprofundar

- Existem sombras em nossa vida conjugal? Quais? É possível conversar sobre isso?
- A cruz é um mistério. Após a morte existe vida: cremos na ressurreição?
- Concretamente, em nossa vida conjugal, já vivemos momentos de ressurreição?

71

Mateus 17,18-21

Colocar-se de acordo enquanto casal

Jesus esconjurou o demônio que saiu do menino, e na mesma hora ele ficou curado. Então os discípulos chegaram perto de Jesus e, em particular, lhe perguntaram: "Por que nós não pudemos expulsar este demônio?" Ele respondeu: "Por causa de vossa pouca fé. Eu vos garanto: Se tivésseis uma fé do tamanho de um grão de mostarda, diríeis a este monte: 'sai daqui para ali' e ele iria, e nada vos seria impossível".

MEDITAÇÃO PARA O CASAL

Rezar com um só coração, numa só voz, a fim de dirigir um pedido ao Pai: eis um bom programa para esposos que querem receber sua vida de família do próprio Deus. Obviamente, nós somos os próprios artífices de nossa vida, mas, enquanto cristãos, sabemos que Jesus está presente, que nos assiste e nos conduz ao seu Pai, através de tudo o que nos acontece e construímos. Sua vontade pode se manifestar em nossas próprias escolhas, se soubermos optar. Colocar-se de acordo para pedir a Deus alguma coisa, eis uma resolução que pode tocar o coração de Deus. Ele permite e gosta que falemos com Ele, que nos dirijamos a Ele, que depositemos nossa confiança nele. Não hesitemos em confiar nele, em formular nossos pedidos, em mostrar-lhe a grandeza de nossa fé. Mas também não nos esqueçamos de agradecer!

Para aprofundar

- Já fizemos alguma vez a experiência de rezar jutos? Que efeito isso produziu em nós: constrangimento? Unidade? Amor reforçado? Cumplicidade? Força interior? Paz?
- O que queremos pedir a Deus para nossa vida a dois? Para nossos amigos? Nosso trabalho? Nossos projetos comuns?
- De que forma sentimos que nossa oração conjugal renova nosso sacramento matrimonial?

72

Mateus
18,21-30

Perdoar até setenta vezes sete de todo o coração

Então se aproximou Pedro e lhe perguntou: "Senhor, quantas vezes devo perdoar ao irmão que pecar contra mim? Até sete vezes?" Jesus lhe respondeu: "Não te digo até sete vezes, mas até setenta vezes sete. Por isso o reino dos céus se assemelha a um rei que quis ajustar contas com os seus servos. Quando começou a ajustá-las, trouxeram-lhe um que devia uma enorme fortuna. Como não tivesse com que pagar, o senhor ordenou que fosse vendido ele, a mulher, os filhos e tudo que tinha, para pagar a dívida. Mas o servo caiu de joelhos diante do senhor e disse: 'Senhor, tem paciência comigo e te pagarei tudo'. Compadecido, o senhor o deixou ir embora e lhe perdoou a dívida. Esse servo, ao sair dali, encontrou um de seus companheiros de trabalho, que lhe devia cem moedas de prata. Agarrou-o pelo pescoço e sufocava-o, dizendo: 'Paga o que deves'! De joelhos, o companheiro suplicava: 'Tem paciência comigo e te pagarei tudo'. Mas ele não concordou e o fez ir para a cadeia até pagar a dívida".

Meditação para o casal

O que fazer quando o outro nos prejudica, pergunta um discípulo a Jesus? Sobretudo se é a pessoa que amamos, e que sempre recomeça e recai nos mesmos erros! A raiva, a desordem, o desrespeito aos horários, as promessas, os palavrões, a desatenção, entre outros: o que fazer quando o outro não se corrige? Jesus responde de maneira muito clara: se quiserem me seguir, é necessário perdoar, e perdoar infinitamente. Isto porque o Pai dos céus perdoa sempre que houver arrependimento. Sem esse perdão não há avanços na vida a dois. O que é mais importante: o futuro de nossa vida a dois ou este ou aquele ferimento feito por meu cônjuge? Evidentemente, nada é fácil! Precisamos da misericórdia de Deus, e às vezes de uma ajuda psicológica, para permitir um perdão pleno, inteiro, do fundo do coração. Mas também precisamos ser misericordiosos conosco mesmos e em nossas relações recíprocas.

Para aprofundar

- Já fiz a experiência de ter sido perdoado por uma falta grave? Em qual circunstância? Em nossa família de origem, vivíamos o perdão? Hoje, costumo aproximar-me do Sacramento da Reconciliação?
- Sou rancoroso? Supersensível? Rabugento?
- E, diante das enganações da vida, como eu reagia?

73

Mateus 18,19-20

Oração a dois

Digo-vos ainda: "Se dois de vós se unirem na terra para pedir qualquer coisa, hão de consegui-lo do meu Pai que está nos céus. Porque onde dois ou três estiverem reunidos em meu nome, eu estarei ali no meio deles".

MEDITAÇÃO PARA O CASAL

Rezar a dois, entre esposos, é renovar e dar vida ao Sacramento do Matrimônio. É fazer da Palavra de Deus a companheira de viagem. É convidar concretamente Jesus para que visite nosso lar. Deus, nosso Pai, escuta seus filhos! Se Ele não atende todas as orações de forma mágica, Ele as escuta, todas, e responde à sua maneira, governando o mundo com sua Providência. Rezar como um casal é difícil: isso exige uma decisão, perseverança, humildade. Cada qual se encontra "nu" e pobre diante de Deus, e se desvela diante do outro na intimidade do que vive profundamente. A Palavra de Deus sonda rins e corações. A oração a dois é um lugar de comunhão muito profunda entre esposos: Deus renova nossa comunhão de amor, de intercâmbios e perdões dados e recebidos. Existem várias formas de oração: de louvor, de intercessão, de agradecimento, de adoração, de súplica. Mas existe também a meditação da Palavra de Deus, a meditação silenciosa, a adoração, o terço, a leitura do breviário, a leitura orante dos Salmos, entre outras. Cada qual pode servir-se dessa infinidade de maneiras de colocar-se diante de Deus como filho e filha diante de seu Criador.

Para aprofundar

- Quanto tempo consagramos à oração comum?
- Que obstáculos encontramos?
- Que tipo de júbilos encontramos?

74

Mateus
19,3-6

O que Deus uniu que o homem não separe

Aproximaram-se dele alguns fariseus para testá-lo com a pergunta: "É permitido um homem despedir sua mulher por qualquer motivo?" Ele respondeu: "Não lestes que no princípio o Criador *os fez homem e mulher* e disse: *Por isso o homem deixará o pai e a mãe para unir-se à sua mulher, e os dois serão uma só carne?* Assim, já não são dois, mas uma só carne. Não separe, pois, o homem o que Deus uniu".

MEDITAÇÃO PARA O CASAL

Jesus é bastante claro diante de seus detratores que buscam armar-lhe ciladas. "Não separe, pois, o homem o que Deus uniu". O vínculo conjugal, válido, contraído diante de Deus é indissolúvel. Ele é impresso como um selo indestrutível nos corações unidos dos dois cônjuges. Nada pode desfazer esse vínculo, que foi estabelecido por Deus no mais íntimo de nosso ser.

Obviamente, conhecemos casais que se separaram, que estão em ruptura. Nem por isso o vínculo sacramental foi desfeito, e, querendo ou não, de uma forma ou de outra, nem que seja pela memória de suas histórias vividas a dois, permanecem unidos para sempre. Cada história é única. Deus não julga. Ele conhece os segredos da alma, e sabe o quanto dói uma separação: um universo desmorona, parte da fonte de vida e da segurança afetiva se esvai...

Proposta

Se vocês conheceram a dor da separação de vossos pais, confiai vosso sofrimento a um conselheiro conjugal, que pode ser em nível espiritual ou psicológico. Assim pode ser mais fácil compreender a origem dos bloqueios e das insatisfações, e talvez possam concluir que nem tudo é culpa do outro. Com uma ajuda espiritual ou psicológica, ou ambas combinadas, os sofrimentos podem ser mais facilmente enfrentados.

75

Mateus 19,13-15

Jesus e as crianças

Alguns trouxeram a Jesus crianças para que lhes impusesse as mãos e rezasse sobre elas. Os discípulos, porém, os repreendiam. Mas Jesus disse: "Deixai vir a mim as crianças e não as impeçais, porque o reino dos céus é daqueles que são como elas". E, depois de impor-lhes as mãos, partiu dali.

MEDITAÇÃO PARA O CASAL

Crianças, as preferidas de Jesus! Corações puros, dependentes, simples, alegres: Deus ama aqueles que se parecem com Ele. Os filhos são a bênção dos pais: os que não podem tê-los geralmente vivem um grande sofrimento, às vezes sozinhos, isolados, envergonhados. Uma criança incomoda, monopoliza a atenção, exige cuidados, precisa ser adequadamente educada. Acolher os filhos é estar abertos à vida, ser generosos para com o dom da vida, não comparar a própria carreira profissional com o apelo do casal a procriar. E isso deve ser feito de maneira inteligente, racional, com discernimento. As vidas confiadas ao casal parental, todas elas, são preciosas aos olhos de Deus. Elas só podem desenvolver-se corretamente, tanto espiritual quanto psicologicamente, num clima amável entre os pais: daí a prioridade ao amor conjugal, substrato de um crescimento equilibrado dos filhos.

Para aprofundar

- Que lugar ocupam nossos filhos em nossas vidas?
- Com o que nos preocupamos mais: com os estudos, com o conforto, com o tempo que passamos com eles? Com a vida espiritual, lazer, amigos?
- Rezamos particularmente na intenção de cada um deles?

76

Mateus 22,35-40

*Amar a Deus e a seu cônjuge
é o mesmo amor*

Um doutor da Lei, para testá-lo, perguntou a Jesus: "Mestre, qual é o maior mandamento da Lei?" Jesus lhe respondeu: *"Amarás o Senhor teu Deus de todo o coração, com toda a alma e com toda a mente.* Este é o maior e o primeiro mandamento. Mas o segundo é semelhante a este: *Amarás o próximo como a ti mesmo.* Destes dois mandamentos dependem toda a Lei e os Profetas".

MEDITAÇÃO PARA O CASAL

Amar a Deus e amar ao próximo (portanto, meu esposo/esposa), é o mesmo mandamento, "o maior, o primeiro". Tudo na vida depende disso! Se obedecemos a Deus, Ele permanece em nós, e nos dá seu amor para amar como Ele. O matrimônio é uma vocação, uma via de santidade, pois amar é o caminho da santidade. Mas amar a longo prazo, no dia a dia, é um desafio, um trabalho de maturidade, uma graça a ser implorada. O pior inimigo do amor é a rotina, o hábito. O fato de já ter "conquistado" o outro às vezes exime de qualquer esforço suplementar. Não! Não há amor sem esforços, sem ser alimentado, vivificado, reinventado. Quando digo ao meu cônjuge que o amo, trata-se, para mim, de uma vontade de realizar a vontade de Deus. Amar sem qualquer interesse próprio, amar o outro simplesmente por ser outro: eis o desafio e a beleza de um amor sempre renovado.

Proposta

Dar graças a Deus pelo amor que Ele depositou em nossos corações. Fazer com que ele cresça, indicando as medidas e os meios!

Mateus 24,37-44

Vigiar, pois a morte pode visitar um dos cônjuges

Porque a vinda do Filho do homem será como nos dias de Noé. Nos dias que antecederam o dilúvio, as pessoas comiam, bebiam, casavam-se e se davam em casamento, até o dia em que Noé entrou na arca. Elas nem se deram conta, até que veio o dilúvio e as arrastou a todas. Assim será a vinda do Filho do homem. Estarão dois na lavoura, um é levado e o outro é deixado. Duas mulheres estarão moendo trigo no moinho, uma é levada e a outra é deixada.

Vigiai, pois, porque não sabeis o dia em que chegará o Senhor. Vós bem sabeis que, se o pai de família soubesse em que hora da noite viria o ladrão, estaria de vigia e não deixaria arrombar-lhe a casa. Por isso estai vós também preparados, porque na hora em que menos pensais virá o Filho do homem.

MEDITAÇÃO PARA O CASAL

A morte que sobrevém e separa os esposos, sem prevenir, ou em consequência de uma longa doença, sempre é um trauma, pois o outro, já que parte de si mesmo, é dolorosamente amputado. É preciso velar e rezar juntos sobre esta questão, a fim de preparar-se a dois. Um dia a morte nos alcançará a todos, como parte da condição humana.

Para esse momento precisamos preparar-nos. Para os cristãos a morte é uma passagem, uma passagem para a eternidade, em Deus. Mas é uma passagem que pode amedrontar, que pode ser angustiante. Aquele ou aquela que fica sozinho pode recear terminar sua vida sem o outro: dificuldades financeiras, de saúde, de viver a solidão. Existem reconciliações a viver em família antes do adeus final, palavras e gestos a realizar. Peçamos ao Espírito Santo que nos ilumine e esclareça.

Para aprofundar

- Estamos preparados? Nos dissemos tudo o que devíamos nos dizer?
- Vivemos nossa vida como se ela não tivesse fim?
- Temos ainda pedidos de perdão a fazer?

78

Mateus 25,31-46

O amor e o juízo final

Quando o Filho do homem vier em sua glória com todos os seus anjos, então se assentará no seu trono glorioso. Em sua presença, todas as nações se reunirão e ele vai separar uns dos outros, como o pastor separa as ovelhas dos cabritos. Colocará as ovelhas à sua direita e os cabritos, à esquerda. E o rei dirá aos que estiverem à sua direita: 'Vinde, abençoados por meu Pai! Tomai posse do Reino preparado para vós desde a criação do mundo. Porque tive fome e me destes de comer, tive sede e me destes de beber, fui peregrino e me acolhestes, estive nu e me vestistes, enfermo e me visitastes, estava na cadeia e viestes ver-me'. E os justos perguntarão: 'Senhor, quando foi que te vimos com fome e te alimentamos, com sede e te demos de beber? Quando foi que te vimos peregrino e te acolhemos, nu e te vestimos? Quando foi que te vimos enfermo ou na cadeia e te fomos visitar?' E o rei dirá: 'Eu vos garanto: todas as vezes que fizestes isso a um desses meus irmãos menores, a mim o fizestes'.

Depois dirá aos da esquerda: 'Afastai-vos de mim, malditos, para o fogo eterno, preparado para o diabo e seus anjos. Porque eu tive fome e não me destes de comer, tive sede e não me destes de beber, fui peregrino e não me destes abrigo, estive nu e não me vestistes, enfermo e na cadeia e não me visitastes'. E eles perguntarão: 'Senhor, quando foi que te vimos faminto ou sedento, peregrino ou enfermo ou na cadeia e não te servimos?' E ele lhes responderá: 'Eu vos garanto: quando deixastes de fazer isso a um desses pequeninos, foi a mim que não o fizestes'. E estes irão para o castigo eterno, enquanto os justos, para a vida eterna".

MEDITAÇÃO PARA O CASAL

O que fazemos, enquanto casal, pelos outros? Podemos fazer obras de caridade sozinhos, mas também podemos, enquanto casal, aceitar o convite de servir aos outros. Existe uma fecundidade muito especial dada aos esposos que se doam juntos a uma obra de caridade, seja ela qual for. Cada casal encontrará o lugar onde é chamado a servir a sociedade ou a Igreja, de maneira muito específica, e frequentemente em função de sua história. Deus nos fala também através de nossas carências, de nossos fracassos, de nossas provações: com frequência ele faz fonte de fecundidade em favor dos outros. O "sejam fecundos" do Livro do Gênesis que Deus dirige aos casais, não para com a chegada dos filhos: Ele lhes dá uma fecundidade muito particular no serviço aos outros, especialmente dos mais pobres, fecundidade acrescida pela graça do matrimônio.

Para aprofundar

- De que forma estamos implicados e engajados enquanto casal?
- Que chamados recebemos hoje, ao ler esse texto de Mateus a dois? Que disponibilidade temos?
- Temos carismas especiais para desenvolver dentro e fora da Igreja?

79

Marcos 6,7-13

Envio em missão dois a dois

Jesus chamou os Doze e começou a enviá-los dois a dois, dando-lhes poder sobre os espíritos impuros. Recomendou-lhes que não levassem para a viagem nada mais do que um bastão; nem pão, nem sacola, nem dinheiro no cinto. Podiam estar calçados de sandálias, mas não deviam usar duas túnicas. E lhes dizia: "Quando entrardes numa casa, ficai nela até irdes embora. Se em algum lugar não vos receberem nem vos escutarem, ao sairdes de lá, sacudi a poeira dos pés em testemunho contra eles". Eles partiram e pregaram, incitando o povo à conversão. Expulsavam muitos demônios, ungiam com óleo muitos enfermos e os curavam.

MEDITAÇÃO PARA O CASAL

Dois a dois: Deus recomenda que o testemunhemos dois a dois. Individualmente também é possível testemunhá-lo, mas duas pessoas são mais fidedignas no anúncio ao mundo de seu amor. Nosso casal pode ser escolhido por Deus para anunciar esse amor, para irradiar a alegria desse amor. O mundo precisa desse amor! Às vezes um olhar, um sorriso, um gesto de atenção, de compaixão, de consolação bastam para falar da ternura de Deus para com a humanidade. A alegria do amor conjugal se espalha, se irradia: mas é preciso mostrar esse amor por gestos concretos e não por definições. Uma lâmpada "debaixo de uma vasilha" não pode iluminar. Os filhos que não veem seus pais testemunharem por gestos ou palavras seu amor, podem duvidar da verdade de seu amor, e do amor em geral. "Quando dois ou três estiverem reunidos em meu nome, eu estarei no meio deles"(Mt 18,20): eis a maravilhosa graça a ser vivida a dois, como casal!

Para aprofundar

- Jesus nos chama, como casal, a testemunhar seu amor, tornando visível o nosso. Como? Que escolhas devemos fazer?
- Missão significa "envio": para onde e para que somos chamados?
- Ser pai e mãe é uma missão: como a vivemos? Com medo? Com alegria? Como graça divina? O que entendemos por "paternidade e maternidade responsável"?

80

Marcos 10,6-9

Já não serão mais dois, mas uma só carne

Mas no princípio da criação Deus *os fez homem e mulher. Por isso o homem deixará pai e mãe para unir-se à sua mulher, e os dois serão uma só carne*. Assim, já não são dois, mas uma só carne. Não separe, pois, o homem o que Deus uniu.

MEDITAÇÃO PARA O CASAL

É a ação do amor que, no matrimônio, une o que é diferente para formar uma só carne. Essa *uma só carne* é a relação viva entre os esposos, na qual ambos os implicados permanecem eles mesmos, mas constroem entre si uma unidade recíproca, unidade específica. Nenhum casal se assemelha; cada casal é único. Deus ama a todos indistintamente, mas também convida a todos a se tornarem uma pedra viva na edificação de sua Igreja. Mas, cuidado, previne Jesus: se levarmos conosco nosso pai e nossa mãe, a viagem pode sobrecarregar, e o casal corre o risco de estafar. É questão, portanto, de bom-senso! Em terapia concebe-se a presença de vários casais, mas nela geralmente os cônjuges não chegam a estabelecer vínculos entre si, já que o vínculo primeiro a ser "tratado" é com o pai e a mãe. Neste vínculo pode haver chantagem ou dependência afetiva, vínculos difíceis de ser cortados, já que pouco autônomos ou, ao contrário, pais que guardam um vínculo financeiro com seus filhos, ou que criam uma dívida de reconhecimento ao cuidarem dos netos para deixar a mãe realizar sua carreira profissional... Ou seja: existem vínculos que podem dificultar a realização das exigências de *formar na prática uma só carne!*

Para aprofundar

- Será que já "abandonei" meu pai e minha mãe? Fisicamente? Psicologicamente?
- Sou livre em relação às suas observações, desejos, intervenções?
- Como meu cônjuge vê esta questão?

81

Lucas 1,39-45

Maria, mãe de Deus, visita nossos casais

Naqueles dias, Maria se pôs a caminho e foi apressadamente às montanhas para uma cidade de Judá. Entrou em casa de Zacarias e saudou Isabel. Aconteceu que, mal Isabel ouviu a saudação de Maria, a criança saltou em seu ventre; e Isabel, cheia do Espírito Santo, exclamou em voz alta: "Bendita és tu entre as mulheres e bendito é o fruto do teu ventre! Donde me vem a honra que a mãe do meu Senhor venha a mim? Pois quando soou em meus ouvidos a voz de tua saudação, a criança saltou de alegria em meu ventre. Feliz é aquela que teve fé no cumprimento do que lhe foi dito da parte do Senhor".

MEDITAÇÃO PARA O CASAL

Maria, modelo de fé, pôs-se a caminho. É *a* primeira na fé cristã: ela mostra a direção, visita os necessitados, não olha para si, mas tão somente para Deus e para o filho que está em seu ventre. Nem sua gravidez a impede de galgar a montanha e ir ao encontro de sua prima também grávida e oferecer-lhe auxílio. Ela também nos visita, faz-se presente em nossa vida a dois, trazendo-nos docilidade, ternura, solicitude, compaixão. Além de interceder por nós, ela também nos apresenta seu filho Jesus e se apresenta como modelo de fé e de esperança, visto que não vacilou nem mesmo aos pés da cruz! Ela tampouco se rebelou, nem exigiu algo de particular para si ou para seu filho. Não hesitemos em acolhê-la em nosso lar, conforme o pedido feito por Jesus ao seu discípulo João aos pés da cruz para que a acolhesse em sua casa. Ela nos ajuda a assumirmos o nosso devido lugar na história da salvação, a colocar tudo nas mãos de Deus, realizando, obviamente, a nossa parte, sempre inspirados na Mãe da Esperança!

Proposta

Rezar juntos uma dezena do terço.

82

Lucas 2,41-52

O casal Maria e José, pais do adolescente

Todos os anos, na festa da Páscoa, seus pais iam a Jerusalém. Quando ele completou doze anos, subiram a Jerusalém segundo o costume da festa. Acabados os dias de festa, quando voltaram, o menino Jesus ficou em Jerusalém, sem que os pais o percebessem. Pensando que estivesse na caravana, andaram o caminho de um dia e o procuraram entre os parentes e conhecidos. Não o achando, voltaram a Jerusalém à procura dele. Três dias depois o encontraram no Templo sentado no meio dos doutores, ouvindo e fazendo perguntas. Todos que o escutavam maravilhavam-se de sua inteligência e de suas respostas.

Quando o viram, ficaram admirados e sua mãe lhe disse: "Filho, por que agiste assim conosco? Olha, teu pai e eu, aflitos, te procurávamos". Ele respondeu-lhes: "Por que me procuráveis? Não sabíeis que eu devia estar na casa do meu Pai?" Eles não entenderam o que lhes dizia. Depois desceu com eles e foi para Nazaré, e lhes era submisso. Sua mãe conservava a lembrança de tudo isso no coração. Jesus *crescia* em sabedoria, idade *e graça diante de Deus e das pessoas.*

MEDITAÇÃO PARA O CASAL

É complicado ser pai e mãe de adolescentes! Eles entram nessa fase em que os hormônios os importunam, em que as emoções são vivas, e às vezes incontroláveis. Eles adoram apresentar dúvidas sobre as verdades que vivem como "matraqueadas" pelos pais. Maria e José viveram uma espécie de "fuga" de Jesus. Eles o haviam perdido por ocasião de uma peregrinação anual a Jerusalém. Ora, Ele estava "ocupado com as coisas de seu Pai", ou seja, a partir de então passou a agir segundo sua vocação pessoal guiado por seu Pai. Todo filho precisa fazer "passagens" nesta vida terrestre: Quem sou? De onde vim? Para onde vou? Qual é minha missão? Minha vocação? A função dos pais é a de acompanhá-lo nessas difíceis passagens. Ninguém deixa de fazer parte da própria parentela de sangue, mas um dia precisa criar seu próprio espaço de vida, seu próprio rumo, realizar sua busca e seus projetos. Enquanto pais, essa "separação" ou esse "desapropriar-se" do filho pode ser difícil. Mas não há outra escolha para quem "se põe a caminho", como Maria, tendo em vista o bem do outro.

Para aprofundar

- Estamos de acordo sobre as grandes linhas de educação de nossos filhos?
- Será que em nosso lar, cada indivíduo (enquanto pai, mãe, filho, filha), encontra seu lugar na complementaridade da vocação, e no respeito às diferenças?
- Como estamos exercendo a nossa autoridade?

83

Lucas   6,31-35

Amor aos inimigos e convite a ser entre esposos misericordiosos

O que desejais que os outros vos façam, fazei-o também a eles. Se amais quem vos ama, que recompensa tereis? Porque os pecadores também amam os que os amam. E se fazeis o bem a quem o faz a vós, que recompensa tereis? O mesmo fazem também os pecadores. Se emprestais àqueles de quem esperais receber, que recompensa tereis? Também os pecadores emprestam aos pecadores, para deles receberem igual favor. Ao contrário, amai os vossos inimigos, fazei o bem e emprestai sem nada esperar em troca, e grande será a vossa recompensa. Assim sereis filhos do Altíssimo, porque ele também é bondoso para com ingratos e maus.

MEDITAÇÃO PARA O CASAL

Às vezes algumas pessoas têm a impressão de que seu pior inimigo é o próprio cônjuge, aquela pessoa que mais amam! Mas, de fato, quem são realmente os inimigos dessas pessoas? Passando para a primeira pessoa do singular: quem é meu inimigo? Posso até pensar que não tenho inimigos, já que minhas feridas podem ser antigas, abafadas, esquecidas... Ou porque quem me feriu está longe, morreu, vive com outra pessoa... Entretanto, por detrás de um ferimento que ainda machuca, muita gente pode me trazer de volta a lembrança de quem me ofendeu. Meu verdadeiro inimigo nem sempre é quem eu acredito ser: pode ser um irmão, uma antiga professora, um colega de escola, uma ex-namorada, uma mãe ou um pai, um tio, ou outra pessoa. Cada situação conjugal que me lembre um acontecimento doloroso vivido com um "inimigo" pode abrir a velha ferida, me impedir de ser totalmente livre e, consequentemente, de amar na paz e na tranquilidade. Mecanismos de defesa podem ser ativados e parasitar as relações afetivas, sobretudo com o próprio cônjuge ou com os filhos. Jesus nos convida a amar nossos inimigos, perdoando-os, deixando-os ir em paz, sem cultivar raiva, mesmo disfarçada, ou rancores que podem ao longo do tempo se transformar em depressão. Desejar o bem a quem nos fez o mal é desejável não somente para a própria saúde psicológica e mental, mas também espiritualmente!

Para aprofundar

- Tenho inimigos, pessoas que me fizeram "mal", que falaram mal de mim?
- A quantas anda meu rancor, meu sentimento de vingança contra todos?
- Meu pior inimigo não seria "eu mesmo"? Sinto culpa, complexos, arrependimentos, zonas sombrias que me impedem de amar em paz?

84

Lucas 6,36-38

Não julgar o outro

Sede misericordiosos como vosso Pai é misericordioso. Não julgueis e não sereis julgados; não condeneis e não sereis condenados; perdoai e sereis perdoados. Dai, e vos será dado: uma medida boa, socada, sacudida, transbordante vos será colocada nos braços. Pois a medida com que medirdes será usada para medir-vos.

MEDITAÇÃO PARA O CASAL

É muito fácil julgar o outro! E, às vezes, rápido: "És um zero à esquerda"; "só fazes o que queres"; "tua teimosia é eterna"; "nunca mudas"! Deus nos convida a amar da forma como Ele ama. Amar nosso cônjuge como Deus ama significa não julgá-lo, não colar-lhe etiquetas, não entrar numa lógica contábil do dar para receber: "Te amo se fizeres o que eu quero". Dar primeiro, amar incondicionalmente, perdoar sem esperar que o outro se desculpe, nem retribuir o mal recebido: simplesmente amar o outro como ele é. Ser misericordioso é entrar nos sentimentos de Deus, é acolher sua infinita benevolência. É ver o outro como Deus nos vê. Deus não vê o mal em mim, Ele vê o bem que eu poderia fazer e a bondade que existe em mim a fim de estimulá-la e estimular-me a fazer o que Ele faz.

Oração

Senhor, dá-me teu olhar para amar meu esposo, minha esposa. Dá-me tuas mãos para acariciar e abraçar sem aprisionar, sem usar, sem sufocar. Dá-me tua língua para falar, intercambiar, comunicar, compreender, valorizar, elogiar. Senhor, dá-me teu coração para sentir as necessidades do outro, para amá-lo, conhecê-lo, apreciá-lo. Senhor, obrigado por dar-me teu Espírito para reaquecer minhas friezas, para iluminar minhas zonas sombrias, para guiar-me no caminho do amor. Bendito sejas, Pai, por dar-nos teu amor, um amor sem limites, perfeito, gratuito. Louvado sejas!

85

Lucas 6,39-42

O cisco e a trave

Contou-lhes também uma parábola: "Pode um cego guiar outro cego? Não cairão ambos no buraco? O discípulo não está acima do mestre; bem preparado, será como o mestre. Por que olhas o cisco no olho do teu irmão e não vês a trave no teu? Como podes dizer ao teu irmão: 'Irmão, deixa-me tirar o cisco do teu olho', quando tu não vês a trave que há no teu? Hipócrita! Retira primeiro a trave do teu olho, e então enxergarás bem para tirar o cisco do olho do teu irmão".

MEDITAÇÃO PARA O CASAL

"Eu? Eu não fiz nada! É você que..."! Como dar conselhos à própria esposa(o), quando não os temos claros nem para nós mesmos? É engraçado como somos rápidos em criticar nos outros aquilo que não conseguimos gerenciar satisfatoriamente em nós! Trata-se de um mecanismo muito conhecido dos psicólogos: a projeção. O mal que não quero ver em mim, o vejo perfeitamente no outro. E o fato de buscar eliminá-lo no outro me permite evitar o trabalho interior de eliminá-lo em mim. Todos temos "pontos cegos", que nos impedem de ser "verdadeiros", e, sobretudo, de ser compassivos com os outros. Que cada qual se ocupe de si mesmo, e reconheça suas próprias fraquezas, antes de bisbilhotar na vida do outro o que parece não funcionar direito!

Para aprofundar

- Reconheço humildemente meus próprios erros?
- Sou compassivo comigo mesmo, sem ser condescendente?
- O que mais critico em meu cônjuge?

86

Lucas
10,25-37

Olhar seu cônjuge como seu próximo mais próximo

Levantou-se um doutor da Lei e, para o testar, perguntou: "Mestre, o que devo fazer para alcançar a vida eterna?" Jesus lhe respondeu: "O que está escrito na Lei? Como é que tu lês?" Ele respondeu: "*Amarás o Senhor teu Deus de todo o coração, com toda a alma, com todas as forças e com toda a mente, e o próximo como a ti mesmo*". Jesus, então, lhe disse: "Respondeste bem. Faze isso e viverás". Mas, querendo justificar-se, perguntou a Jesus: "E quem é o meu próximo?" Jesus respondeu: "Um homem descia de Jerusalém a Jericó. Pelo caminho, caiu nas mãos de assaltantes. Estes, depois de lhe tirarem tudo e de o espancarem, foram embora, deixando-o quase morto. Por acaso, desceu pelo mesmo caminho um sacerdote. Vendo-o, desviou-se dele. Do mesmo modo um levita, passando por aquele lugar, também o viu e passou adiante. Mas um samaritano, que estava de viagem, chegou até ele. Quando o viu, ficou com pena dele. Aproximou-se, tratou das feridas, derramando nelas azeite e vinho. Depois o colocou em cima da própria montaria, conduziu-o à pensão e cuidou dele. Pela manhã, tirando duas moedas de prata, deu-as ao dono da pensão e disse-lhe: 'Cuida dele e o que gastares a mais, na volta te pagarei'".
Na tua opinião, quem destes três se tornou o próximo daquele que caiu nas mãos dos assaltantes? "Ele respondeu: "Aquele que teve pena dele". Então Jesus lhe disse: "Vai e faze tu o mesmo!"

Meditação para o casal

Amar meu próximo é olhar para quem está perto de mim, com quem vivo, aproximar-me dele. Podemos estar próximos física e espiritualmente, e afetivamente distantes. Às vezes algum cônjuge se lamenta por sentir-se apenas "parte dos adornos da casa"! Que tristeza! A rotina e o cotidiano podem fazer com que rapidamente nos acostumemos um com o outro, tirando-nos assim a capacidade de maravilhar-nos. Não faltam esposas que se lamentam por seus maridos não perceberem que elas acabam de sair do cabeleireiro com um novo corte ou uma nova cor nos cabelos, ou quando vestem roupas novas. Às vezes a única observação ou questionamento é este: "Não seria melhor termos economizado?" Ou mulheres que reclamam porque seus maridos não as ajudam nos serviços domésticos. Ou maridos que fazem tudo isso e não são reconhecidos por suas mulheres...

Para aprofundar

- Exercer um olhar positivo sobre o outro, ressaltando seus pontos fortes e suas qualidades.
- Aproximar-se fisicamente do cônjuge por gestos de ternura, palavras encorajadoras, elogios.
- Fazer um exame de consciência sobre a qualidade de meu olhar sobre os outros.

87

Lucas
10,38-42

Marta e Maria: não se equivocar

Pondo-se eles a caminho, Jesus entrou num povoado. Uma mulher, de nome Marta, o recebeu em sua casa. Ela tinha uma irmã chamada Maria que, sentada aos pés do Senhor, escutava a sua palavra. Marta, porém, andava atarefada com o muito serviço. Parou e disse: "Senhor, não te importa que minha irmã me deixe sozinha no serviço? Dize-lhe que me venha ajudar". O Senhor lhe respondeu: "Marta, Marta, andas muito agitada e te preocupas com muitas coisas. Entretanto, uma só coisa é necessária. Maria escolheu a melhor parte que não lhe será tirada".

MEDITAÇÃO PARA O CASAL

A vida cotidiana é recheada de ocasiões para prestar serviços mútuos. Servir o outro é olhar o que pode lhe causar prazer, é também surpreendê-lo: "Hoje sou eu que vou fazer o almoço!", ou "varrer a casa". Sempre existem boas ideias para servir o outro, para ser servidor como Jesus, que se colocou de joelhos diante de seus discípulos para lhes lavar os pés. Também eu posso colocar-me de joelhos diante do outro, cessar de querer ter a última palavra, reconhecer que o que o outro diz e sente tem valor, mesmo que eu não pense da mesma forma. Por exemplo: fechar ou abrir a janela, assistir esse ou aquele programa de televisão, escolher um lugar para passar as férias ou uma atividade em comum, entre outras.

Prestar serviço: isso diz respeito a todas as pequenas atividades cotidianas. Por exemplo: levantar-se um pouco antes para liberar a ducha, ajudar os filhos nas lições da escola, antecipar-se em qualquer outra forma de serviços diários! O serviço nos coloca no concreto da vida, na realidade cotidiana. Não vivemos no virtual, na enganação, no faz de conta. Quem diz que ama e se nega a prestar serviços ao outro, mesmo o "menor" de todos, compromete esse amor!

Para aprofundar

- Não podemos passar o tempo todo implorando. As coisas em casa devem ser feitas em comum acordo. Mas, se feitas sem amor ou num amor "contábil", que reclama retorno, então não estamos dentro da lógica de Jesus e de seu Espírito.
- Prestamos serviço ao outro esquecendo-nos de nós mesmos? Ou o fazemos de maneira a que o outro se torne nosso dependente, eternamente submisso?
- Agimos de forma intransigentemente "matemática" dizendo, por exemplo: "Ontem fui eu, hoje é tua vez", ou algo do gênero?

88

Lucas 12,22-32

Abandonar-se enquanto casal à Providência

Em seguida, Jesus disse aos discípulos: "Por isso vos digo: Não vos preocupeis com a vida, com o que comereis, nem com o corpo, com o que vestireis. Porque a vida é mais do que o alimento e o corpo mais do que as vestes. Olhai os pássaros: não semeiam nem colhem, não têm despensa nem celeiro, mas Deus os alimenta. E vós valeis muito mais do que os pássaros! Quem de vós, com suas preocupações, pode aumentar a duração de sua vida de um momento sequer? Se, pois, não podeis fazer o menos, por que vos inquietais com o mais? Olhai como crescem os lírios: não fiam nem tecem. Mas eu vos digo que nem Salomão com toda a sua glória se vestiu como um deles. Se Deus veste assim a erva, que hoje está no campo e amanhã será lançada ao fogo, quanto mais a vós, gente de pouca fé! Não vos inquieteis, procurando o que haveis de comer ou beber, porque são os pagãos do mundo que se preocupam com tudo isso. Vosso Pai sabe que tendes necessidade disso. Buscai antes o seu Reino e recebereis estas coisas de acréscimo. Não tenhais medo, pequeno rebanho, porque o Pai achou por bem dar-vos o Reino".

MEDITAÇÃO PARA O CASAL

Alguém poderia responder: "Viver assim é fácil", sobretudo quando quem paga as contas é o outro! O que exatamente Jesus quer nos dizer neste relato? Certamente Ele não está nos convidando a cruzar os braços e esperar que a graça e as coisas caiam do céu. Sua visão de serviço desfaz essa lógica. Jesus pede nossa confiança, visto que seu Pai cuida de nós, mesmo no cotidiano de nossas vidas, e diz que não é buscando ou querendo controlar tudo que acrescentaremos algum milésimo de tempo em nossas vidas. O essencial está em outro lugar, outro momento: podemos nos preocupar com questões materiais, necessárias, mas sem desleixarmos a vida espiritual, a nossa e a dos filhos. Podemos passar ao largo dessa vida imersos no material, mesmo cobertos de boas intenções. Deus sabe disso! Mas Ele sabe o que é bom para seus filhos, e no-lo dará. Cremos nisto?

Para aprofundar

- Os afazeres cotidianos nos permitem um tempo para dar graças à Deus?
- Quem é o mais ansioso dos cônjuges?
- A vida material e cotidiana gera disputas, discussões?

89

Lucas
17,3-4

O perdão na vida a dois

Tende cuidado! Se o teu irmão pecar contra ti, repreende-o; e se ele se arrepender, perdoa-lhe. Se pecar contra ti sete vezes num dia e sete vezes vier procurar-te, dizendo: 'Estou arrependido', tu o perdoarás.

MEDITAÇÃO PARA O CASAL

O lugar do perdão é central. Não existe vida a dois ou familiar sem perdão. Do contrário seria o inferno! Perdoar é difícil. Mas o perdão é um *ato humano*, que procede de nossa mais profunda liberdade, e geralmente é motivado pelo desejo de manter o vínculo de permanecer no amor, mesmo quando o outro decepciona e não age corretamente. Se eu não o perdoo, o enclausuro em seu mal (que passa a assumir maior importância ainda), e eu mesmo acabo me deixando levar pelo rancor e pela raiva. Assim a relação conjugal vai se transformando numa teia de pequenas intrigas recíprocas, geralmente visando a que o outro pague pelo mal causado. Mas o perdão é também um *ato divino*, uma forma de amar como Deus ama: "Pai, perdoai-lhes porque não sabem o que fazem". Nem sempre o outro mede suficientemente a dimensão da dor interior que causa. Se quisermos salvar a relação a dois às vezes precisamos pedir perdão pelas próprias culpas e pelas do outro. E rezar, implorando essa atitude, pois ela pode gerar tanto a minha conversão quanto a do outro. Essa é propriamente uma atitude divina, já que ela procede do próprio Deus.

Proposta

Rezar o Pai-nosso de mãos dadas e invocar o perdão pelas faltas cometidas.

90

Lucas 18,9-14

Colocar-se em último lugar na vida conjugal

Jesus contou também a seguinte parábola para alguns que confiavam em si mesmos, tendo-se por justos, e desprezavam os outros: "Dois homens subiram ao Templo para orar; um era fariseu, o outro, um cobrador de impostos. O fariseu rezava, de pé, desta maneira: 'Ó meu Deus, eu te agradeço por não ser como os outros homens, que são ladrões, injustos, adúlteros, nem mesmo como este cobrador de impostos. Eu jejuo duas vezes por semana, pago o dízimo de tudo que possuo'. Mas o cobrador de impostos, parado à distância, nem se atrevia a levantar os olhos para o céu. Batia no peito, dizendo: 'Ó meu Deus, tem piedade de mim, pecador! Eu vos digo: Este voltou justificado para casa e não aquele. Porque todo aquele que se eleva será humilhado, e quem se humilha será elevado".

MEDITAÇÃO PARA O CASAL

O amor é um processo, um crescimento. Se não me empenho em, de múltiplas formas, fazê-lo crescer, corre o risco de se apagar, e assim o sentimento amoroso e a atração recíproca vão sendo sufocados pelo egoísmo, pela busca de poder, pelo sucesso profissional, por outras prioridades. O serviço, realizado do mais profundo do ser, isto é, movido pelo amor para com o outro, remete à humildade, ou seja: quem serve assume o último lugar, não se "galanteia", não se coloca "acima" do outro nem o sufoca com suas alegadas "boas ações". Existe uma forma de prestar serviço que não procede do amor verdadeiro: é quando se rebaixa o outro, se lhe mostra as incompetências, as fraquezas, dizendo-lhe, por exemplo, que ele não realiza as funções que lhe competem. Isso é recriminar, é mostrar a própria superioridade e afundar o outro na humilhação. Colocar-se em último lugar ("ser escravo") significa valorizar o outro, fazer com que ele se sinta amado, e inclusive superior a mim.

Proposta

Fazer um exame de consciência sobre esta situação e, se possível, buscar o Sacramento da Reconciliação.

91

João   2,1-11

Casamento em Caná da Galileia

No terceiro dia houve um casamento em Caná da Galileia, e a mãe de Jesus estava presente. Jesus e os discípulos também foram convidados para esse casamento. Tendo acabado o vinho, a mãe de Jesus lhe disse: "Eles não têm mais vinho". Jesus respondeu: "Mulher, o que temos nós a ver com isso? Ainda não chegou a minha hora". Sua mãe disse aos que estavam servindo: "Fazei tudo o que ele vos disser".

Havia ali seis talhas de pedra para as purificações dos judeus. Em cada uma cabiam duas ou três medidas (aproximadamente 100 litros). Jesus disse: "Enchei de água as talhas". Eles encheram-nas até a borda. Então Jesus disse: "Tirai agora um pouco e levai ao organizador da festa". Eles levaram. Logo que o organizador da festa provou da água transformada em vinho – ele não sabia de onde vinha, embora o soubessem os serventes que tinham tirado a água – chamou o noivo e lhe disse: "Todos servem primeiro o vinho bom e quando já estão embriagados servem o de qualidade inferior. Tu guardaste o vinho bom até agora". Este foi o início dos sinais de Jesus, em Caná da Galileia. Ele manifestou a sua glória, e os discípulos creram nele.

MEDITAÇÃO PARA O CASAL

Eis o primeiro milagre (ou, segundo João, sinal) de Jesus, por ocasião de um casamento como o nosso. Deus não cessa de fazer milagres ou dar sinais em nossas vidas: será que estamos atentos? E Maria, mãe da Esperança, está lá: ela vê o que falta, está atenta, como uma mãe. Às vezes o vinho de nosso amor vira vinagre: porque não cuidamos dele, porque nosso amor vem depois de nosso trabalho, de nossos filhos, de nossos entretenimentos. Assim o ambiente fica tenso! Esse vinho das núpcias, de onde vem? Do coração de Deus, do vinho de Jesus que se tornou sangue para alimentar a nossa comunhão. Jesus deseja ser convidado para a "festa" cotidiana de nossa vida a dois. Mesmo depois do grande dia de nosso casamento, Jesus espera que sempre lhe abramos as portas para cear conosco, e batermos um papo juntos. A Eucaristia é a refeição pela qual Jesus refaz as nossas forças, nos ensina a entregar-nos de corpo e alma, nos dá o "bom vinho" que une o coração dos esposos, sobretudo quando a relação vai se deteriorando.

Proposta

Tomemos a decisão de frequentar mais esse encontro de amor com o Jesus eucarístico. Ele reforça a nossa unidade e configura nosso amor à imagem do seu. Assim, de um amor que pode ser egocêntrico podemos passar para um amor oblativo, que se doa, que não decepciona. Deus nos torna capazes de amar "como Ele", de entrar neste "mistério".

92

João 13,1-17

Lavar-se os pés uns aos outros

Antes da festa da Páscoa, Jesus sabia que tinha chegado a hora de passar deste mundo para o Pai. E, tendo amado os seus que estavam no mundo, amou-os até o fim. Durante a ceia, o diabo já tinha posto no coração de Judas Iscariotes, filho de Simão, o propósito de entregá-lo. Jesus sabia que o Pai lhe tinha colocado todas as coisas nas mãos; sabia que tinha saído de Deus e para Deus voltava. Levantou-se então da mesa, tirou o manto, tomou uma toalha e amarrou-a na cintura. Depois derramou água numa bacia e começou a lavar os pés dos discípulos e a enxugá-los com a toalha da cintura. Ao chegar a Simão Pedro, este lhe disse: "Senhor, tu me lavas os pés?" Jesus respondeu-lhe: "O que estou fazendo não o entendes agora. Mais tarde o compreenderás". "Jamais me lavarás os pés" – disse Pedro. Jesus respondeu: "Se não te lavar os pés, não terás parte comigo". Simão Pedro disse: "Então, Senhor, não só os pés, mas também as mãos e a cabeça". Jesus lhe disse: "Quem se banhou precisa lavar só os pés, pois está todo limpo. Vós estais limpos, mas nem todos". Jesus sabia quem havia de entregá-lo. Por isso disse: "Nem todos estais limpos".

Depois de lavar-lhes os pés, vestiu o manto, pôs-se de novo à mesa e perguntou-lhes: "Sabeis o que vos fiz? Vós me chamais Mestre e Senhor e dizeis bem, porque o sou. Se, pois, eu, Mestre e Senhor, vos lavei os pés, também vós deveis lavar os pés uns dos outros. Dei-vos o exemplo para que façais o mesmo que eu vos fiz. Na verdade eu vos digo que o escravo não é maior do que o seu senhor, nem o mensageiro maior do que aquele que o enviou. Se compreenderdes isto e o praticardes, sereis felizes".

MEDITAÇÃO PARA O CASAL

"Quem ama é serviçal"! Jesus, lavando os pés de seus discípulos, colocando-se de joelhos diante deles, mostra até onde pode e deve ir o amor conjugal: cingir-se, fazer-se pequeno diante do outro para servi-lo, buscar o seu bem e o que lhe faz bem! Isto, para Jesus, passa por coisas tão simples como lavar os pés numa caminhada num país quente e onde a poeira cola aos pés de todos. Mas esta atitude também pode ser concretizada nas pequenas tarefas caseiras e cotidianas de cada família, nos pequenos serviços, atenções e coisas que nem sempre gostamos de fazer, e que por isso as deixamos para os outros. Trata-se de antecipar-se aos próprios desejos, opiniões e ideias; e às vezes até renunciando a esses desejos, opiniões e ideias. Jesus se coloca à disposição dos discípulos. Mas, inicialmente, Pedro não aceita a iniciativa de Jesus. Sua concepção de amor não é a mesma. Por isso Jesus o ensina a ceder, a deixar-se amar, sem querer ter o domínio sobre tudo e sobre todos.

Para a profundar

- Como vejo a divisão das tarefas em casa: quem faz o quê? Existem tarefas que considero humilhantes? Quais?
- Como me comporto quando sou servido? Se o outro se recusa a um pedido de ajuda, mesmo sem "boas razões", como reajo?

93

João 15,9-12

Permanecer no amor de Deus para amar meu cônjuge

Como o Pai me amou, assim também eu vos amei. Permanecei no meu amor. Se guardardes os meus mandamentos, permanecereis no meu amor, como eu também guardei os mandamentos de meu Pai e permaneço no seu amor. Disse-vos estas coisas para que minha alegria esteja convosco, e a vossa alegria seja completa. Este é o meu mandamento: amai-vos uns aos outros como eu vos amei.

MEDITAÇÃO PARA O CASAL

São João nos revela o testamento de Jesus antes de sua Paixão e morte na cruz. Suas palavras são particularmente comoventes. Jesus nos revela o que vai em seu íntimo, o que pessoalmente sente, ou seja, esse vínculo de amor com seu Pai, a quem obedeceu em tudo. Essa é a sua maior alegria: ter feito a vontade do Pai! E é o que Ele quer de nós também: que obedeçamos ao seu mandamento, pois, dessa forma se certificará de que seremos felizes, alegres e realizados. O que é "novo" nesse mandamento é a expressão "como eu vos amei". Jesus é o caminho, nos indica a via para não nos perdermos, e para entrar na dinâmica do Reino do Pai. "Permanecer": eis a palavra mágica na vida a dois. Saber passar o tempo juntos, um tempo qualitativo, onde algo de bom e duradouro acontece! Não necessariamente "fazendo coisas", mas fazendo com que a vida tenha mais sentido, alegria, amor. Todos os casais já tiveram essa experiência, mas com o tempo o pudor parece bloquear tais coisas. Por quê?

Proposta

"Amar como Jesus amou": eis o que transforma completamente aquilo que se assemelha aos filmes de amor "cor de rosa"! Quem é Jesus? Como Ele olha, toca, fala com seus amigos? Como reage às contrariedades, às decepções, à agressividade? Como Ele reza? O que diz em sua oração?

94

João 15,12-16

Amar é doar-se!

Este é o meu mandamento: amai-vos uns aos outros como eu vos amei. Ninguém tem maior amor do que aquele que dá a vida por seus amigos. Vós sois meus amigos, se fizerdes o que vos mando. Já não vos chamo escravos, porque o escravo não sabe o que faz o seu senhor. Eu vos chamo amigos porque vos dei a conhecer tudo o que ouvi de meu Pai. Não fostes vós que me escolhestes, mas fui eu que vos escolhi. Eu vos destinei para irdes dar fruto e para que vosso fruto permaneça, a fim de que ele vos dê tudo o que pedirdes ao Pai em meu nome.

MEDITAÇÃO PARA O CASAL

Jesus te escolheu para ser seu amigo. Ele não te ordena coisas como um rei, como um senhor; tampouco as impõe. Ele simplesmente quer compartilhar uma amizade, uma intimidade, um segredo. Quer compartilhá-lo porque confia que o levarás a sério: estamos falando de sua humanidade, de sua vinda à terra na condição humana para nos ensinar a amar como Ele amou, para dar vida aos que amamos, ou seja, para vivificar o cotidiano de meu marido ou de minha mulher, ou de nossos filhos. É a qualidade desse amor que vai construí-los, torná-los felizes e contribuir para a felicidade de todos. Mas a doação tem um limite temporal: a morte, que pode ser natural ou em forma de martírio, como foi o caso de Jesus. Nosso Mestre dirigiu-se livremente à Paixão, dando sua vida não com o desejo de ser mártir, mas para não trair seu projeto. A morte de Jesus foi por uma causa, não por um projeto masoquista. Nossa doação, quando inspirada pelo Espírito de Deus, também deve inspirar-se numa causa. E a família é uma grande causa.

Para aprofundar

- Jesus parece repetitivo! Por que insiste tanto? Será em razão de nossa surdez? Ou em razão de nosso esquecimento?
- Admitimos ser confidentes ou amigos de Jesus?
- Quais frutos somos chamados, como casal, a produzir?

95

João   17,20-26

Para que sejam perfeitos na unidade...

"Não rogo apenas por eles, mas por todos aqueles que acreditarem em mim pela sua palavra. Que todos sejam um como tu, Pai, estás em mim e eu em ti, para que eles estejam em nós, e o mundo creia que tu me enviaste. Dei-lhes a glória que tu me deste, a fim de que sejam um como nós somos um. Eu neles e tu em mim, para que sejam perfeitos na unidade, e o mundo conheça que tu me enviaste e que os amaste, como amaste a mim. Pai, quero que os que me deste estejam também comigo onde eu estiver, para que vejam esta minha glória que me deste, porque me amaste antes da criação do mundo. Pai justo, mesmo se o mundo não te conheceu, eu te conheci, e estes conheceram que tu me enviaste. Eu lhes fiz conhecer o teu nome e ainda o farei conhecido, para que o amor com que me amaste esteja neles, e eu neles".

MEDITAÇÃO PARA O CASAL

Jesus reza por nós. Reza por nossa vida a dois, para que sejamos *um* como Ele é com o Pai. Esta unidade é muito forte e profunda. Ela une os corações de maneira indelével. E isso se percebe exteriormente. Outros poderão crer em Deus graças a essa unidade que Deus nos dá como casal, e que acolhemos. Essa unidade, que é constantemente buscada e percorrida, testemunha que o Pai enviou seu Filho para fazer sua vontade. Jesus, morto e ressuscitado, envia seu Espírito em Pentecostes, que fará de seus discípulos testemunhas até os confins da terra, a fim de que todos saibam que são amados pelo Pai e que o destino de cada um é o Céu. Seja qual for a nossa atividade profissional, nossa razão última de ser, como casal, é permanecer unidos para que o mundo creia!

Para aprofundar

- Jesus nos chama para ser suas testemunhas. Estamos prontos a dizer "sim"?
- O que falta em nossa unidade? Ela não é fusão nem sonho utópico, mas construção trabalhosa, e descentramento de si. É algo em contínua construção, e a ser acolhido: estamos dispostos a trabalhar nessa construção?
- Que ponto concreto estamos dispostos a melhorar?

96

Romanos 8,31-39

Quem nos separará do amor de Cristo?

O que diremos, pois? Se Deus é por nós, quem será contra nós? Aquele que não poupou o próprio Filho, mas o entregou por todos nós, como não nos dará também com ele todas as coisas? Quem acusará os escolhidos de Deus? Deus, que os justifica? Quem os condenará? Cristo Jesus, que morreu ou, antes, que ressuscitou, e que está à direita de Deus intercedendo por nós? Quem nos separará do amor de Cristo? O sofrimento, a angústia, a perseguição, a fome, a nudez, o perigo, a espada? Realmente está escrito: *Por tua causa somos entregues à morte todo o dia, fomos considerados como ovelhas destinadas ao matadouro.*

Mas, em tudo isso vencemos por aquele que nos amou. Pois estou persuadido de que nem a morte, nem a vida, nem os anjos, nem os poderes celestiais, nem o presente, nem o futuro, nem as forças cósmicas, nem a altura, nem a profundeza, nenhuma outra criatura poderá separar-nos do amor de Deus manifestado em Jesus Cristo, nosso Senhor.

MEDITAÇÃO PARA O CASAL

Deus nos ama de forma perfeita, incondicional: nada de exterior a nós pode nos separar de seu amor, nem mesmo a morte. Mas nós podemos decidir, com nossa liberdade, e não acolher esse amor; podemos recusar, nos afastar, duvidar, nos revoltar contra Deus e a Igreja.

Na vida a dois também podemos nos revoltar um contra o outro, duvidar do amor, de nosso casamento. Às vezes podemos ser tentados a enviar tudo às favas! Onde está Deus, podemos nos perguntar em momentos de angústia? Ele está aí, como sempre, ao nosso lado: nada poderá nos separar de seu amor. Apesar de todos os perigos da vida, inclusive os fracassos, as enganações, os lutos, somos os "grandes vencedores, graças àquele que nos amou", derramando seu próprio sangue por nós. O amor de Deus é o que temos de mais precioso: ele não nos será retirado!

Para aprofundar

- Deus é amor. Seu amor nos fala do casamento. Estou disposto a me oferecer e a me sacrificar por meu cônjuge por amor? A dar-lhe toda a minha vida?
- Jesus sofreu por amor por nós: tenho medo de sofrer pelo outro?
- O amor de Deus por mim é "indissolúvel": compreendo que meu amor no casamento também deve ser indissolúvel?

97

Romanos
12,1-18

Entregar-se de corpo e alma ao seu cônjuge e a Deus

Portanto, irmãos, eu vos exorto, pela misericórdia de Deus, a que ofereçais os vossos corpos como sacrifício vivo, santo, agradável a Deus. Este é o vosso culto espiritual. Não vos ajusteis aos modelos deste mundo, mas transformai-vos, renovando vossa mentalidade, para que possais conhecer qual é a vontade de Deus: o que é bom, agradável e perfeito.

Pela graça que me foi dada, recomendo a todos e a cada um de vós que não faça de si próprio um conceito maior do que convém, mas um conceito modesto, de acordo com a medida da fé que Deus lhe concedeu. Pois assim como num só corpo temos muitos membros e cada um de nossos membros possui diferente função, também nós, sendo muitos, somos um só corpo em Cristo, mas cada membro está a serviço dos outros membros. Temos, porém, dons diferentes segundo a graça que nos foi dada, seja a profecia, de acordo com a fé, seja o ministério, para servir. Se for o dom de ensinar, que ensine; e for o dom de exortar, que exorte. Se o de distribuir esmolas, faça-o com simplicidade. Se o de presidir, presida com zelo. Se o de exercer misericórdia, que o faça com alegria.

Seja sincera vossa caridade. Detestai o mal e apegai-vos ao bem. Sede cordiais no amor fraterno entre vós. Rivalizai na mútua estima.

Não relaxeis no zelo. Sede fervorosos de espírito. Servi ao Senhor. Sede alegres na esperança, pacientes no sofrimento e perseverantes na oração. Reparti os bens com os santos em necessidade. Esmerai-vos na prática da hospitalidade. Abençoai os que vos perseguem, abençoai-os e não amaldiçoeis. Alegrai-vos com os que se alegram. Chorai com os que choram. Vivei em boa harmonia uns com os outros. Não vos deixeis levar pelo gosto das grandezas. Afeiçoai-vos às coisas modestas. Não sejais sábios a vossos próprios olhos. Não pagueis a ninguém o mal com o mal. Procurai o bem aos olhos de todos. Se for possível e na medida em que depender de vós, vivei em paz com todos.

MEDITAÇÃO PARA O CASAL

O corpo e a pessoa formam uma unidade. Eu amo com meu corpo: com um olhar, uma palavra, um gesto, uma atenção. Tudo passa pelo corpo, e tudo é ocasião de doação de si, a fim de agradar a Deus. Posso transformar tudo em ato de amor, mas para tanto devo renovar minha maneira de pensar, de ver o mundo, para pensar e ver "como Deus". Por exemplo: não amo "por mim", para o meu prazer, mas amo "para o outro". Portanto, não busco fazer tudo o que eu desejo, mas vislumbro o que é melhor para optar por ele. Se cada um dos cônjuges vive dessa lógica, buscando a todo instante a vontade de Deus, certamente a relação a dois vai propiciar muita alegria e felicidade. E assim viverão na bênção, na concórdia, na escuta e no respeito mútuo. Estamos dispostos a agir assim?

Para aprofundar

- Existe hipocrisia em nossa maneira de amar? Mentiras? Omissões?
- Fugir do mal implica reconhecê-lo, nomeá-lo, para renunciá-lo. Dedico um tempo à reconciliação com Deus, com meu cônjuge, com o mundo?
- Ser assíduo na oração é exigente! Estou disposto a isso?

98

Romanos 15,5-13

Agir e falar com outro unicamente em vista do Bem

Que o Deus da perseverança e da consolação vos dê harmonia de sentimentos em Cristo Jesus, para que glorifiquemos com um só coração e uma só voz a Deus, Pai de nosso Senhor Jesus Cristo.

Por isso acolhei-vos uns aos outros, como Cristo vos acolheu para glória de Deus. Pois eu vos digo: Cristo tornou-se servidor dos judeus em vista da fidelidade de Deus, para cumprir as promessas feitas aos pais, ao passo que os pagãos glorificam a Deus pela sua misericórdia, segundo está escrito: *Por isso te louvarei entre as nações e salmodiarei ao teu nome.* E outra vez diz: *Alegrai-vos, nações, com o seu povo.* Noutra parte: *Louvai o Senhor todas as nações, e exaltai-o todos os povos.* E outra vez ainda diz Isaías: *Aparecerá a raiz de Jessé e aquele que se levanta para governar as nações; nele esperarão as nações.* Que o Deus da esperança vos encha de completa alegria e paz na fé, para que transborde em vós a esperança pela força do Espírito Santo.

MEDITAÇÃO PARA O CASAL

Numa vida a dois, se cada qual faz apenas o que lhe agrada, não pode haver unidade: rapidamente disputas se instalam e ameaçam minar a vida em comum. É necessário, portanto, aprender a colocar-se de acordo, a negociar, sempre respeitando o bem do outro e o bem comum. Não se trata de calar, de parar de argumentar, embora às vezes uns momentos de silêncio façam bem. A comunicação não violenta permite que cada um expresse o seu ponto de vista. Se não escutamos o outro, ou se acreditamos adivinhar o que ele pensa, cortamos sua palavra, o impedimos de evoluir, o fechamos em seus velhos esquemas. Acolher-se mutuamente permite colocar-se de acordo sobre pontos que dizem respeito ao bom andamento da vida a dois e em família.

Para aprofundar

- Identificamos nossos pontos de desacordo? Falamos sobre isso?
- Temos a "mesma ideia" sobre o que é melhor para o casal?
- Se existe desacordo, falamos disso, procuramos ajuda "externa"?

1Coríntios 6,13-20

Vosso corpo é o templo do Espírito Santo

O corpo não é para a prostituição, mas sim para o Senhor, e o Senhor para o corpo; e Deus, que ressuscitou o Senhor, também ressuscitará a nós pelo seu poder. Não sabeis que vossos corpos são membros de Cristo? Tomarei por acaso os membros de Cristo para fazê-los membros de uma prostituta? Jamais! Ou não sabeis que quem se une a uma prostituta faz-se um só corpo com ela? Porque *serão dois*, diz ele, *numa só carne*. Mas quem se une ao Senhor faz-se um só espírito. Fugi da prostituição. Qualquer pecado que alguém comete fica fora do seu corpo; mas o que se entrega à prostituição peca contra seu próprio corpo. Ou não sabeis que vosso corpo é templo do Espírito Santo, que está em vós e que recebestes de Deus, e que, portanto, vós não vos pertenceis? Fostes comprados por alto preço. Glorificai, pois, a Deus em vosso corpo.

MEDITAÇÃO PARA O CASAL

A Igreja tem um grande respeito pelo corpo. Jesus assumiu um corpo, Ele nasceu, se alimentou, amou, sofreu, morreu, ressuscitou com seu corpo glorioso, apareceu aos apóstolos, às mulheres, às multidões. Esse corpo devemos amá-lo, cuidá-lo, não maltratá-lo ou sacrificá-lo, tampouco idolatrá-lo. Na vida do casal ambos os corpos são importantes. Eles são lugar da acolhida e do dom de si na ternura e nos sentimentos. O corpo doado é a expressão mais forte, a mais extrema do amor oferecido ao próprio cônjuge. Tudo pertence a Deus. E Deus, em Jesus Cristo, "nos resgatou com um alto preço": com sua própria vida! Por isso, respeitemos o nosso corpo e o do outro para preservar a qualidade de nosso amor.

Para aprofundar

- Meu corpo é templo do Espírito Santo: tenho consciência disso?
- O que significa "pecar contra o próprio corpo"? Existem muitas formas de fazê-lo... Faço coisas que desrespeitam meu próprio corpo?
- Meu corpo ressuscitará. Existem coisas cuja cura desejo pedir a Deus?

100

1 Coríntios   13,1-8

Sem amor nossa vida a dois é vazia de sentido

Se eu falar as línguas de homens e anjos, mas não tiver amor, sou como bronze que soa ou tímpano que retine. E se eu possuir o dom da profecia, conhecer todos os mistérios e toda a ciência e tiver tanta fé que chegue a transportar montanhas, mas não tiver amor, nada sou. E se eu repartir todos os meus bens entre os pobres e entregar meu corpo ao fogo, mas não tiver amor, nada disso me aproveita. O amor é paciente, o amor é benigno, não é invejoso; o amor não é orgulhoso, não se envaidece; não é descortês, não é interesseiro, não se irrita, não guarda rancor; não se alegra com a injustiça, mas regozija-se com a verdade; tudo desculpa, tudo crê, tudo espera, tudo suporta. O amor jamais acaba; as profecias terão fim; as línguas emudecerão; a ciência terminará.

MEDITAÇÃO PARA O CASAL

Qual é esse amor sem o qual "não sou nada"? O que Paulo descreve é essa vanguarda do amor-ágape, que vai muito além do sentimento amoroso. Ele não o suprime, mas o ultrapassa infinitamente, e sempre faz esperar algo melhor. É o amor de Jesus pelos homens e pelas mulheres que ele encontrou, o amor dos santos que transformaram o mundo. Esse amor se chama serviço, coragem, confiança. Ele permite suportar tudo e permanecer na esperança quando tudo parece sombrio. Esse amor "jamais passará". Amar o próprio cônjuge com esse amor, com a graça de Deus, é possível. Ele é inclusive fonte de felicidade e de ressurreição nos casais. Sim, graças a essa forma divina de amar, o amor humano, que por razões nem sempre claras esmoreceu, pode renascer das cinzas. "O amor jamais passará". Na vida podemos nos prender a inúmeras atividades, inclusive muito generosas e eficazes, mas se o fazemos sem amor, rapidamente nos esgotamos e perdemos o sentido da vida.

Para aprofundar

- O que ultimamente tenho feito sem amor?
- O amor não se enfurece: posso moderar minhas raivas, meus impulsos? Suporto o fato de estar errado? Quais erros reconheço?
- O amor não guarda rancor: estou sempre disposto a perdoar as faltas dos outros, a sempre perdoar?

101

Gálatas 5,22-26

Viver os frutos do Espírito a dois

Os frutos do Espírito são: amor, alegria, paz, paciência, afabilidade, bondade, fidelidade, mansidão, continência. Contra estes não há Lei. Os que são de Cristo Jesus crucificaram a carne com as paixões e concupiscências. Se vivemos do Espírito, andemos também segundo o Espírito. Não cobicemos glória vã, provocando e invejando uns aos outros.

MEDITAÇÃO PARA O CASAL

São Paulo opõe a vida segundo a carne, ou seja, sem Deus, e a vida segundo o Espírito, isto é, no dinamismo do amor de Deus. Podemos viver sem objetivo, na superfície das coisas, buscando simplesmente o prazer: "faço o que quero, decido segundo meus desejos". Essa pessoa terá dificuldade de viver a felicidade profunda ou amar verdadeiramente seu cônjuge. Ou seja, a partir do momento que surgir uma contrariedade qualquer, ou alguma provação, a primeira tentação é fugir, julgando ter feito uma péssima escolha. O risco é reproduzir o mesmo cenário na "próxima união", quando ela ocorre. O Espírito Santo, o espírito de Deus, revela o que somos, nos liberta das escravidões, de nossas paixões e ciumeiras, e nos permite levar a vida com objetivos concretos, segundo a vontade de Deus. Ele eleva nossa humanidade a fim de que possamos amar como Ele ama. Assim Ele nos diviniza.

Proposta

Recitar a dois o **Veni Creator Spiritus** (vinde Espírito Santo) ou um hino ao Espírito Santo. Cada vez que o invocamos ele pode transformar nosso íntimo e nos tornar sensíveis à presença de Deus em nossas vidas. Ele nos une, reforça nosso vínculo, semeia em nós seus dons. Ele nos dá o desejo de viver em Deus, com Deus, por Deus. Essa vida de Deus em nós nos é revelada por Paulo nos versículos 22-23.

102

Efésios
4,1-3

Suportar-se com amor

Portanto, eu, prisioneiro por causa do Senhor, exorto-vos a andardes de maneira digna da vocação a que fostes chamados, com toda a humildade e mansidão, com paciência, suportando-vos uns aos outros no amor. Esforçai-vos por conservar a unidade do espírito pelo vínculo da paz.

MEDITAÇÃO PARA O CASAL

Na vida a dois, sempre temos a esperança de que o outro vai me "salvar" no momento das dificuldades pessoais e relacionais, que o amor vai me "remediar". É verdade em parte, mas isso não economiza o trabalho pessoal sobre si e a acolhida da graça nas ocasiões de fraqueza e de pecado. Com o passar do tempo pode ser que eu me irrite com o outro por considerá-lo incapaz de me "curar", de ajudar-me a suportar-me a mim mesmo, a dar seu melhor de si. Geralmente as críticas que dirijo ao outro são a expressão irritada de minha própria vulnerabilidade, que tenho dificuldades de aceitar. Não é que ele não me ama mais; às vezes pode ser que eu tenha alimentado expectativas imensas, que com o passar do tempo só poderiam decepcionar, e inclusive duvidar de meu casamento. Assim podemos idolatrar o outro, colocá-lo no lugar de Deus: trata-se de um grande perigo da vida a dois.

Para aprofundar

- Quando é que não suporto meu esposo, minha esposa?
- Como explicar que esse ou aquele ponto de meu esposo, de minha esposa, me incomoda?
- Quanto à ternura: a quantas anda?

Efésios
4,4-6

Convite à unidade e à Paz

Sede um só corpo e um só espírito, assim como fostes chamados por vossa vocação para uma só esperança. Há um só Senhor, uma só fé, um só batismo. Há um só Deus e Pai de todos, que está acima de todos, que age por meio de todos e em todos.

MEDITAÇÃO PARA O CASAL

São Paulo fala de dentro da prisão. Vivendo a injustiça ele poderia lastimar-se, defender-se, culpar a Deus. Não! Ele permanece com Deus, fundamento último de sua vida (e da nossa!). Para os casais que às vezes se aborrecem e culpam um ao outro, Paulo dá esse precioso conselho que permite a fidelidade na vocação matrimonial: suportar-se com amor, ter muita humildade, doçura e paciência. Evidentemente, isso não é simples! Mas podemos desejá-lo e pedi-lo a Deus na oração. Antes que responder prontamente a uma indisposição e aumentar mais a pressão, às vezes é melhor deixar a poeira baixar para, num momento de calmaria, rever as coisas. Deus nos ajuda a permanecer fiéis ao amor que prometemos um ao outro. "Um só corpo e um só espírito": é um bom lema da vida a dois.

Para aprofundar

- Tenho o hábito de reclamar ou resmungar?
- Existem elementos que dificultam essa comunhão de corpo e espírito?
- Humildade, doçura, paciência: não são valores tão à moda hoje em dia! No entanto, tenho o costume de encorajar o outro cada vez que ele manifesta essas atitudes que ajudam a construir o amor entre nós?

104

Efésios
5,21-33

Matrimônio, o sacramento do amor

Sujeitai-vos uns aos outros no temor de Cristo. As mulheres casadas sejam submissas aos maridos como ao Senhor. Pois o marido é cabeça da mulher como Cristo é cabeça da Igreja, seu corpo, de quem é o salvador. Como a Igreja é submissa a Cristo, assim também o sejam em tudo as mulheres a seus maridos. Maridos, amai vossas esposas como Cristo amou a Igreja e se entregou por ela, para santificá-la, purificando-a pela água do batismo com a palavra, para apresentá-la a si mesmo toda gloriosa, sem mancha, sem ruga, sem qualquer outro defeito semelhante, mas santa e irrepreensível. Assim os maridos devem amar suas mulheres como a seu próprio corpo. Quem ama sua mulher ama a si mesmo. Decerto, ninguém odeia sua própria carne, mas a nutre e trata como Cristo faz com sua Igreja, porque somos membros de seu corpo. *Por isso deixará o homem o pai e a mãe e se unirá à sua mulher, e serão os dois uma só carne.* Grande é este mistério. Quero referir-me a Cristo e sua Igreja. Quanto ao mais, ame cada qual sua mulher como a si mesmo. E a mulher respeite o marido.

Meditação para o casal

Paulo compara o amor dos esposos ao amor de Cristo por sua Igreja. O casamento cristão nos faz entrar nesse grande mistério de doação total e redenção. Por sua própria doação os cônjuges contribuem para a própria salvação. Juntos, pela qualidade do amor conjugal, participam dessa santificação mútua. É por isso que, em razão do vínculo conjugal mergulhado no mistério pascal, existe uma submissão dos esposos a Deus, e em seguida da esposa ao marido. Essa "hierarquia", que parece chocante hoje, só pode ser compreendida porque tudo é "ordenado para Deus", princípio e fim do amor. A obediência a alguém que é bondade, verdade, humildade e doçura só pode ser benéfica. É um convite à santidade tanto para o marido quanto para a esposa, que permanentemente buscam a vontade de Deus. Submeter-se não significa anular um para que o outro domine; é entregar-se como dom.

Para aprofundar

- Como compreendemos esse texto? O que ele sugere à nossa relação?
- Cada um deve amar como se ama a si mesmo: tenho o devido respeito a mim mesmo, às minhas necessidades, aos meus desejos?
- A mulher deve respeitar seu marido: o que faço ou deixo de fazer para que meu marido me respeite? Existe algo em mim que devo mudar?

105

Filipenses 2,1-11

Tender para uma unidade maior

Se, pois, há uma consolação em Cristo, um estímulo no amor, uma comunhão no Espírito, uma ternura e compaixão, completai minha alegria, permanecendo unidos no mesmo pensar, no mesmo amor, no mesmo ânimo, no mesmo sentir. Não façais nada com espírito de rivalidade ou de vanglória; ao contrário, cada um considere com humildade os outros superiores a si mesmo, não visando ao próprio interesse, mas ao dos outros. Tende em vós os mesmos sentimentos de Cristo Jesus: Ele, subsistindo na condição de Deus, não se apegou à sua igualdade com Deus. Mas esvaziou-se a si mesmo, assumindo a condição de escravo, tornando-se solidário com os seres humanos. E, apresentando-se como simples homem, humilhou-se, feito obediente até a morte, até a morte numa cruz. Foi por isso que Deus o exaltou e lhe deu o Nome que está acima de todo nome. Para que ao nome de Jesus se dobre todo joelho de quantos há no céu, na terra, nos abismos, e toda língua proclame, para glória de Deus Pai, que Jesus Cristo é Senhor.

Meditação para o casal

Considerar meu esposo ou minha esposa mais do que a mim mesmo(a) é difícil! Sempre tenho a tendência, em razão da fraqueza humana, de considerar que sou eu que tenho razão, que sou melhor do que o outro, que, se fizerem como eu digo, o resultado seria melhor. Isso vale na gestão do dinheiro, na educação dos filhos, na arrumação da casa, no ritmo de tudo que emprego em casa, entre outros. Se sou humilde diante do outro, o deixo existir. Não se trata de desaparecer. Trata-se de deslocar-se para permitir outro ponto de vista, outra maneira de ver além da minha. Assim emerge aquela disposição de Cristo: ele não se apegou à sua igualdade com Deus, razão pela qual Deus o exaltou!

Oração

Senhor, dá-nos tua humildade, tua doçura. Faça que não nos consideremos demasiadamente importantes, que nenhum de nós desvalorize o outro, que não o rebaixemos. Dá-nos um olhar de admiração por nosso cônjuge, faça-nos admirar suas qualidades, seus talentos, suas maneiras de fazer as coisas, mesmo que diferentes das minhas. Torna-nos pacientes. Dá-nos a graça de caminharmos juntos, de alimentarmos respeito um pelo outro. Elimina toda inveja. Dá-nos a delicadeza de coração que elimina toda rivalidade em nossa relação. Dá-nos teu coração para que nos amemos como Tu nos amas!

106

Filipenses 4,4-9

Alegria no Senhor, elemento decisivo do amor conjugal

Alegrai-vos sempre no Senhor! Repito: alegrai-vos. Vossa bondade seja conhecida de todos. O Senhor está perto. Não vos inquieteis por coisa alguma. Em todas as circunstâncias apresentai a Deus as vossas necessidades em oração e súplica, acompanhadas de ação de graças. E a paz de Deus, que excede toda inteligência, haverá de guardar vossos corações e pensamentos em Cristo Jesus.

No mais, irmãos, tudo que é verdadeiro, tudo que é nobre, tudo que é justo, tudo que há de puro, tudo que há de amável, tudo que há de louvável, tudo que seja virtude ou digno de louvor, eis o que deve ocupar vossos pensamentos. Praticai o que aprendestes e recebestes, ouvistes e observastes em mim, e o Deus da paz estará convosco.

MEDITAÇÃO PARA O CASAL

A alegria é uma decisão! Trata-se de não cair na hipocrisia. Existem verdadeiros motivos de tristeza na vida. Mas Deus está lá, conosco. Ele nos guia e não nos abandona. Ele ajuda a ver o bem no outro (benevolência): o outro não é totalmente maldoso. Sublinhar o positivo, as qualidades, encorajar os esforços é muito mais eficaz do que apontar o dedo para aquilo que não funciona. A vida se torna um inferno quando se resume a um rosário de críticas. A apreensão, os problemas, não levam a nada, nos diz São Paulo. Deus sabe do que precisamos, e adora que lho peçamos em forma de oração simples e humilde. Dar graças, é saber agradecer a Deus por seus benefícios, ao outro por sua presença, pelo que faz, por aquilo que diz, entre outras situações.

Para aprofundar

- Tenho um coração agradecido, ou sou ingrato?
- Deus promete a paz: busco sua presença, lhe peço que apazigue o coração?
- Expor a Deus os pedidos: quais são os meus específicos?

107

Colossenses 3,8-15

Livrar-se da ira, das paixões, dos propósitos grosseiros

Mas agora deixai de lado todas estas coisas: ira, raiva, maldade, maledicência e palavras obscenas. Não vos enganeis uns aos outros, pois já despistes a velha natureza, com todas as suas obras, e vestistes a nova, que vai se renovando para o conhecimento segundo a imagem de quem a criou. Então não haverá mais judeu nem grego, circunciso ou incircunciso, bárbaro ou cita, escravo ou livre, mas somente Cristo que será tudo em todos.

Vós, pois, como eleitos de Deus, santos e amados, revesti-vos de sentimentos de carinhosa compaixão, bondade, humildade, mansidão, paciência. Suportai-vos uns aos outros e perdoai-vos mutuamente toda vez que tiverdes queixa contra alguém. Como o Senhor vos perdoou, assim perdoai também vós. Mas, acima de tudo, revesti-vos do amor, que é o vínculo da perfeição. E a paz de Cristo reine em vossos corações. Nela fostes chamados para formar um só corpo. E sede agradecidos.

Meditação para o casal

Quais são os malefícios da raiva na relação a dois? Existem muitos! O cônjuge que se sente atacado pelas palavras maldosas do outro às vezes busca um "refúgio" nem sempre desejável: baixar a guarda, esfriando assim a relação, quando, na verdade, ainda existe amor verdadeiro a ser alimentado. Outro risco: alimentar a própria raiva diante das injustiças e incompreensões sofridas. Aqui pode intensificar-se a escalada da violência, e o esfriamento do amor conjugal. Além do casal, os filhos também sofrem. E, não raro, muitos optam pelo rompimento. A essa altura uma ajuda externa faz-se necessária. Outra consequência: a pessoa tomada pela raiva passa, às vezes involuntariamente, a projetá-la sobre o outro, a fugir da realidade imaginando coisas... Como diz o papa, "a tendência é então buscar sempre mais as faltas do outro, a imaginar sempre mais maldades, a supor toda espécie de más intenções, de sorte que o rancor vai progressivamente crescendo e criando raiz". E assim cria-se o famoso fenômeno da escalada da violência e o fechamento sobre si mesmo, que vão alimentar a crença de que "tenho motivos para estar irado, de que tudo está podre, de que nada mudará, de que os outros são todos uns imbecis". A desesperança total não está longe, e assim acabamos perdendo até o amor-próprio, a suspeitar de tudo e de todos, a achar que acusar o outro é a única solução.

Proposta

Identificar os pontos de raiva e depositá-los aos pés do Senhor Jesus Salvador, pedindo-lhe luz para que possamos encontrar as devidas soluções. Escrever esses pontos num papel.

108

Colossenses 3,12-17

Acima de tudo isso, que haja o amor: é ele que faz a unidade na perfeição

Vós, pois, como eleitos de Deus, santos e amados, revesti-vos de sentimentos de carinhosa compaixão, bondade, humildade, mansidão, paciência. Suportai-vos uns aos outros e perdoai-vos mutuamente toda vez que tiverdes queixa contra alguém. Como o Senhor vos perdoou, assim perdoai também vós. Mas, acima de tudo, revesti-vos do amor, que é o vínculo da perfeição. E a paz de Cristo reine em vossos corações. Nela fostes chamados para formar um só corpo. E sede agradecidos. A palavra de Cristo permaneça em vós com toda sua riqueza, de sorte que com toda sabedoria possais instruir e exortar-vos mutuamente. Sob a inspiração da graça cantai a Deus de todo o coração salmos, hinos e cânticos espirituais. E tudo quanto fizerdes por palavras ou por obras, fazei-o em nome do Senhor Jesus, dando por ele graças a Deus Pai.

MEDITAÇÃO PARA O CASAL

O que une dois esposos é o amor; o amor da forma como Paulo o descreve. É esse amor que faz com que duas pessoas se tornem uma, e comunguem do mesmo amor. Trata-se de uma graça divina, a ser implorada todos os dias, mas que também podemos obtê-la colocando em prática os conselhos de Paulo: revestindo-nos de ternura, de compaixão, de humildade, de doçura e de paciência. Programa para toda uma vida! Neste caso, será que sempre pensamos realmente no outro? "Ah... se meu marido fosse mais meigo, mais compassivo, mais humilde, mais doce, mais paciente... tudo seria mais fácil!" Mas, e quanto a mim? O que faço para aplicar essa palavra na vida e com meu cônjuge? Vestir-se de amor, como uma roupa, é viver a misericórdia que Deus tem por mim: perdoar meu cônjuge quando ele me magoa, ou quando tenho críticas a fazer-lhe, a fim de restabelecer a paz na graça de Deus. A vida a dois é uma tensão rumo a essa perfeição da caridade. Posso fazer as coisas porque tenho vontade, porque as sinto, por hábito, porque assim deve ser ou por amor!

A perfeição aqui não é entendida moralmente, ou seja, "fazer tudo direitinho para obter sucesso"; a perfeição de que estamos falando é a busca da unidade, pelo vínculo do amor.

Para aprofundar

- Costumo desanimar e deixar tudo para "amanhã"?
- Encontro-me na paz de Cristo? Conheço essa paz? Como a busco?
- "Fazer tudo em nome do Senhor Jesus": isso parece impossível! Mas quem faz propósitos sinceros também pode cumpri-los!

109

1 Tessalonicenses 4,3-9

Castidade, caminho de santidade

A vontade de Deus é esta: a vossa santificação, que vos abstenhais da prostituição, que cada um saiba tratar a própria esposa com santidade e respeito, sem se deixar levar por paixões libidinosas, como os pagãos, que não conhecem a Deus. Ninguém se atreva a lesar ou prejudicar neste assunto o seu irmão, porque o Senhor se vinga de tudo isso, como vo-lo dissemos e afirmamos antes. Deus não nos chamou à impureza, mas à santidade. Portanto, quem despreza estes preceitos não despreza uma pessoa humana, mas a Deus que vos deu o Espírito Santo. Quanto ao amor fraterno, não temos necessidade de vos escrever, pois vós mesmos aprendestes de Deus a amar-vos uns aos outros.

MEDITAÇÃO PARA O CASAL

A castidade entre o casal é possível se cada um tem um verdadeiro amor por seu próprio corpo. Mas é preciso ainda conhecê-lo, e dominá-lo. A castidade não diz respeito apenas à sexualidade. Ela diz respeito à orientação de nossas forças vitais, de nossa energia pulsional e relacional, para integrá-las e colocá-las a serviço de nossa condição de vida, e do amor segundo essa mesma condição. Ser casto significa "amar bem", de uma forma ajustada, ordenada, unificada, e não dispersa. Se faço amor pensando nas contas, não estou sendo casto, pois não estou concentrado naquilo que faço. Se meu olhar é atraído por todas as lindas pernas femininas que passam pela rua, e se meu espírito começa a vagabundear, não sou casto. Assim, castidade e santidade estão intimamente ligadas, e não somente no plano moral sexual, mas na qualidade do amor com o qual estamos vinculados ao nosso cônjuge.

Para aprofundar

- Temos clareza sobre a definição da castidade e sua diferença com a continência (periódica ou definitiva)?
- Como vivo minhas pulsões? Com quem posso falar sobre isso?
- Somos capazes de falar sobre o que nos incomoda ou nos sobrecarrega?

110

Hebreus 13,1-6

Considerai o matrimônio com respeito

Perseverai no amor fraterno! Não vos esqueçais da hospitalidade pela qual alguns, sem saber, hospedaram anjos. Lembrai-vos dos presos, como se estivésseis presos com eles, e dos que sofrem maus tratos, como se estivésseis no corpo deles. Todos vós, considerai o matrimônio com respeito e conservai o leito conjugal sem mancha, porque Deus julgará os que se entregam à prostituição e ao adultério. Vivei sem avareza. Contentai-vos com o que tendes, pois Deus mesmo disse: *Não te abandonarei nem te desampararei.* De maneira que possamos dizer com confiança: *O Senhor é meu auxílio, não temerei. Que mal alguém poderá fazer-me?*

MEDITAÇÃO PARA O CASAL

O amor conjugal não é um *cocooning*, ou seja, encasulamento, a dois: ele permanece aberto aos outros, sobretudo aos pobres, aos doentes, aos que vivem sozinhos. Quanto mais nos sentimos amados por Deus e por nosso cônjuge, mais alento temos para ser prestativos, para nos engajar no mundo e na Igreja. Existem muitos sofrimentos a aliviar, muitas pessoas precisando de ajuda. A hospitalidade, a visita aos presos e aos doentes, a generosidade financeira: tudo isso nutre o amor conjugal, o desenvolve, o enriquece. Cada casal tem uma missão a acolher e possui uma fecundidade particular. Dar testemunho do amor cristão é igualmente uma bela missão, sobretudo nestes tempos em que "a união conjugal é largamente profanada", isto é, esvaziada de seu sentido, e inclusive questionada. O matrimônio é o quadro mais adaptado para o desenvolvimento do amor conjugal e para a educação dos filhos.

Para aprofundar

- Estou convencido do dever de dar testemunho de meu amor cristão?
- Que nossa conduta não seja guiada pelo amor ao dinheiro: estamos de acordo nesse ponto? E sobre a realização de nossas respectivas carreiras profissionais?
- Alimentamos desejo de doar nosso tempo aos outros? Em qual dimensão?

111

Tiago
1,19-22

Moderar a própria ira

Sabei, meus caríssimos irmãos: cada um deve estar pronto para ouvir, mas ser lento para falar e lento para se irritar. A ira humana não realiza a justiça de Deus. Rejeitai, pois, toda impureza e todo vestígio de maldade e acolhei com docilidade a palavra em vós semeada, que pode salvar vossas vidas. Sede cumpridores da palavra e não meros ouvintes, enganando-vos a vós mesmos.

MEDITAÇÃO PARA O CASAL

Nos casais, a ira pode ser frequente. Urge reconhecê-la e gerenciá-la. Ser "lento na ira", não é renunciá-la, mas manifestá-la de maneira justa e moderada. Os esposos devem tender a um "amor que não se irrita". É um amor que não se deixa superar pela raiva intempestiva, irracional, com palavras que ferem, violentas. Um amor que nunca faça o outro sofrer. Existe um modo de falar, uma escolha de palavras, um tom de voz que mostram irritação (às vezes aquele que se zanga o nega, justamente porque está acostumado a agir assim). Existem duas fontes de irritação. A primeira é provocada por algo exterior, como a fraqueza e os erros do outro, que às vezes fazem reagir com brutalidade: o remédio é o perdão, a paciência, mostrar-se misericordioso. A segunda forma de irritação pode vir do interior, de nosso coração: "trata-se de uma violência interna, de uma irritação dissimulada que coloca a pessoa na defensiva diante dos outros, como se fossem inimigos a ser evitados". Ela provoca um pessimismo diante da vida, um mau humor permanente, pesado para os outros, que se sentem diminuídos e impotentes, e acabam se "afastando" para não ser contaminados. Esse estado depressivo geralmente está vinculado a ferimentos antigos, não cicatrizados (porque incrustados e não reconhecidos): antes de trabalhá-los com humildade, a pessoa prefere ficar na negação de seu sofrimento e fazer pesar sobre os outros seu mal-estar. Na vida a dois, em razão do lado afetivo (e íntimo...: os outros não o veem!) da relação, o outro se torna o "bode expiatório" desse estado de irritação contra tudo e todos. Tudo se torna motivo de irritação (válvula de escape da ira interior): a questão financeira, o sexo, os filhos, a arrumação da casa, as decisões a serem tomadas...

Para aprofundar

- Quando fiquei irado pela última vez?
- O que aconteceu?
- Compreendi o ponto fraco que me deixou chocado? Rezei pedindo forças a Deus?

112

Tiago 3,2-10

Desconfiar das próprias palavras

Todos nós falhamos em muitas coisas. Se alguém não comete falta por palavra, já é homem perfeito, capaz de governar com freio todo o corpo. Se colocamos freio na boca dos cavalos para que nos obedeçam, controlamos também todo o corpo deles. Vede também os navios: por maiores que sejam e, mesmo agitados por ventos impetuosos, um pequenino leme os governa segundo a vontade do piloto. Assim também a língua, embora seja um membro pequeno, gloria-se de grandes coisas. Vede como uma pequena chama pode incendiar uma grande floresta! Também a língua é um fogo. Como um mundo de maldade, a língua está entre nossos membros a contaminar todo o corpo. Inflama o ciclo de nossa existência, sendo atiçada pelo inferno.

Feras, aves, répteis e animais marinhos de todas as espécies são domesticáveis e têm sido domados pela raça humana, mas ninguém é capaz de domar a língua. É um mal irrequieto e está cheia de veneno mortífero. Com a língua bendizemos o Senhor e Pai, com ela amaldiçoamos as pessoas, feitas à imagem de Deus. Da mesma boca saem a bênção e a maldição. Não deve ser assim, meus irmãos!

Meditação para o casal

É verdade! Na vida do casal a língua pode ser uma verdadeira praga, um veneno que ataca e mata progressivamente à força de pequenas desvalorizações, de críticas mordazes, de pura maldade. Aquele(a) que julgamos amar mais do que tudo, se torna um inimigo a ser derrotado, e o fazemos compreender com insinuações e ações. Como isso pode acontecer? De fato, a Escritura nos diz que o que sai da boca brota no coração. Se posso domar minha língua, colocar-lhe um freio, é porque sou capaz de dominar minhas paixões, porque sou livre e mestre de mim mesmo: a imaginação, a memória, as emoções, as pulsões estão sob o controle de minha razão, e eu posso dominá-las para colocá-las "a serviço" do amor e da relação a dois na vida de casal. Do contrário, vira uma anarquia! São elas que vão guiar minha vida e fazer-me oscilar entre justiça e injustiça, ou seja, criar o céu ou o inferno na relação. Para dominar nossa língua precisamos aprender a dar graças, a abençoar, a elogiar, a valorizar, a encorajar. Dessa forma o Espírito de Deus reina entre nós!

Oração para os esposos

Senhor, te louvamos por nossa vida a dois! Obrigado pelo cônjuge que puseste em meu caminho. Dá-nos a graça de considerar nosso vínculo como a realidade mais sagrada de nossa existência. Nos engajamos diante de ti a fim de evitar os mal-entendidos, as palavras vãs ou não construtivas, e a apagar o mais rápido possível o caráter venenoso dessas palavras. Nos esforçaremos, com tua graça, a não dizer nada que humilhe o outro ou que possa feri-lo. Nos comprometemos a não ser mesquinhos em elogiar, evitando também qualquer crítica estéril. Tomamos a decisão de não caricaturar ou entravar as opiniões do outro, sobretudo quando elas contrariam as minhas. Ajuda-nos a não ser mal-humorados e a apreciar menos as tempestades e mais o sol que as sucedem. Buscaremos eliminar as ideias negativas e desenvolver um humor sadio e construtivo. Contamos contigo para manter essa linha de conduta. Obrigado por tua ajuda e por tua constante presença, Senhor!

"Com a língua bendizemos o Senhor e Pai, com ela amaldiçoamos as pessoas, feitas à imagem de Deus. Da mesma boca saem a bênção e a maldição. Não deve ser assim, meus irmãos!"

113

1Pedro 1,13-19

Convite à santidade individual e como casal

Estai, portanto, com o espírito preparado. Sede sóbrios e colocai toda a esperança na graça que vos será dada na revelação de Jesus Cristo. Como filhos obedientes, não vos guieis pelas paixões de antigamente, quando vivíeis na ignorância. Mas, assim como é santo aquele que vos chamou, sede também santos em todas as ações, pois está escrito: *Sede santos porque eu sou santo.*

Se invocais como Pai aquele que, sem discriminação de pessoas, julga cada um segundo as obras, vivei com temor durante o tempo de vossa peregrinação. Pois sabeis que não fostes resgatados de vossa conduta fútil, herdada de vossos pais, por meio de bens perecíveis como a prata e o ouro, mas pelo sangue precioso de Cristo, como o de um cordeiro sem defeito e sem mancha.

MEDITAÇÃO PARA O CASAL

O matrimônio é uma vocação. Pelo batismo somos chamados à santidade, e essa santidade passa, para as pessoas casadas, pela vida a dois e pela família que formam. Alguns casais foram canonizados por mostrar a todos a importância da santidade no dia a dia, nos pequenos embaraços na condução de uma família, com suas preocupações materiais, a educação dos filhos e a inserção na vida social. Não se trata de perfeição moral, mas de praticar no dia a dia as virtudes teologais e cardeais, o que exige uma boa dose de heroísmo da vida ordinária. A santidade se encarna nas pequenas coisas, repetitivas, da vida cotidiana: os horários, a ordem, o bom dia, o obrigado, o serviço, o sorriso, o olhar positivo, e outros. O heroísmo não reside no fato de viver tudo isso uma única vez, mas de ser capaz de vivê-lo todos os dias, de forma discreta e humilde, sem esperar retorno, na lógica do amor desinteressado. E um "santo" também escolhe fazer as coisas não apenas "pelo outro", mas "por amor a Deus", dando assim um sentido de fé aos seus atos e à própria vida. E isso muda tudo!

Proposta

- Pesquisar juntos os casais que foram canonizados pela Igreja e buscar saber mais sobre suas vidas.
- Identificar como crescer nesse caminho de santidade juntos, na vida a dois.

114

1Pedro 3,1-7

Submissão amorosa no matrimônio

Vós também, mulheres, sede submissas aos vossos maridos. Assim, mesmo que alguns não obedeçam à palavra, serão conquistados sem palavra, pela conduta de suas mulheres, em consideração à vossa vida íntegra e respeitosa. Não sejam vossos enfeites o que aparece externamente: penteados vistosos, jóias de ouro, vestidos elegantes, mas o que está no íntimo do coração: a pureza inalterável de um espírito manso e tranquilo. Isto é precioso diante de Deus. Assim se enfeitavam antigamente as santas mulheres que esperavam em Deus: eram obedientes a seus maridos. Assim Sara obedecia a Abraão, chamando-o "senhor". Dela sois filhas pela prática do bem, sem medo de ameaça alguma.

Também vós, maridos, sede compreensivos no convívio com vossas mulheres, pois são de natureza mais delicada. Tratai-as com respeito, como coerdeiras da graça da vida, para que nada impeça vossas orações.

MEDITAÇÃO PARA O CASAL

Submeter-se um ao outro: eis um tema fora de moda numa sociedade onde, com justeza, se busca considerar a igual dignidade entre homens e mulheres. A ideia aqui não é colocar o masculino e o feminino no mesmo nível, nivelar, tampouco colocar um acima do outro.

A submissão de que fala Pedro é antes um maravilhar-se diante da beleza do outro que, sem dúvida, é diferente de mim. A submissão aqui tem a ver com o respeito por esse diferente, apoiando-o, sendo seu companheiro(a). Aqui, para quem tem fé, também emerge o maravilhar-se diante das diferentes obras do mesmo Criador: homem e mulher os criou, diz o Livro do Gênesis. Ou, em outra chave de leitura, o maravilhamento de Adão por Eva: "osso de meus ossos e carne de minha carne". Independentemente dos debates sobre a igualdade de gênero, obviamente necessários, aqui estamos falando da mesma dignidade diante de Deus. Que as diferenças entre os sexos sejam vistas pelo outro, como complementos e não como carências.

Para aprofundar

- Houve alguma vez um sentimento de orgulho ou de julgamento na forma de olhar meu marido ou minha esposa?
- Será que realmente já agradeci a Deus pela maravilha que Ele me confiou?
- Tenho pensamentos sexistas ou discriminatórios para com o sexo oposto?

115

1 Pedro 3,8-9

Viver a caridade conjugal

Finalmente, uni-vos num mesmo sentimento, sede compassivos, fraternos, misericordiosos e humildes. Não pagueis o mal com o mal, nem injúria com injúria. Ao contrário, abençoai, pois fostes chamados para serdes herdeiros da bênção.

MEDITAÇÃO PARA O CASAL

Pedro, como Paulo, convida o homem e a mulher a tomar consciência de suas diferenças, que são um verdadeiro desafio para o crescimento do amor caritativo na vida a dois. Elas permitem crescer no respeito do outro, na aceitação de suas vocações específicas e particulares. A mulher é mais introspectiva, mais próxima do mistério de Deus. Sua conduta, se for irrepreensível, plena de doçura e de calma, vai ajudar seu marido a encontrar-se com Deus, a colocar-se à escuta de sua presença interior. A beleza da mulher depende da pureza de seu coração e de sua relação com Deus. Ela é portadora de vida, mas por essa razão, é mais frágil, mais delicada, às vezes mais sensível aos ataques maldosos... Ela pode se enganar, se deixar levar pela sensibilidade, portanto, ela necessita de um guardião, de um protetor, que lhe dê sustento na caminhada. O homem e a mulher, unidos pelo matrimônio, diante de Cristo são irmãos e irmãs: são chamados a viver em perfeito acordo, na simpatia, no amor fraterno, na compaixão e na humildade, permanecendo sempre abertos uns aos outros.

Para aprofundar

- Seria um sonho querer viver perfeitamente unidos? Quando, em nossa vida, vivemos essa unidade profunda? Em quais circunstâncias ou momentos?
- A oração é para ambos. No casal ela permite voltar às fontes do amor. Reservo tempo para a oração pessoal?
- Deus nos ajuda, pelo exemplo da vida de Jesus, a não devolver o mal com o mal: estou disposto a assumir essa atitude de vida? Ou a perdoar e a abençoar meu cônjuge mesmo quando ele me fere?

116

1 Pedro 5,5-11

A felicidade conjugal não evita os sofrimentos

Também vós, jovens, sede submissos aos mais velhos. No relacionamento mútuo, revesti-vos todos de humildade, porque *Deus resiste aos soberbos e aos humildes dá sua graça*. Humilhai-vos, pois, sob a poderosa mão de Deus, para que no momento oportuno ele vos exalte. Lançai sobre ele vossas preocupações, porque cuida de vós. Estai alerta e vigiai, pois o vosso adversário, o diabo, anda em volta como um leão que ruge, procurando a quem devorar. Resisti-lhe firmes na fé, considerando que iguais sofrimentos suportam vossos irmãos espalhados pelo mundo. E, depois de um breve sofrimento, o Deus de toda graça, que vos chamou em Cristo Jesus para a glória eterna, vos aperfeiçoará e firmará, vos fortalecerá e consolidará. A ele pertence o poder pelos séculos dos séculos. Amém.

MEDITAÇÃO PARA O CASAL

São Paulo nos previne: o demônio vai tentar nos afastar do projeto que Deus tem para nossa vida a dois, semear entre nós a divisão, a incompreensão, a acusação. É que, depois da queda, depois do primeiro pecado de orgulho e de busca de independência total de Deus, os germes da divisão, da dominação e da sedução se infiltraram nas relações das pessoas. Existe, pois, uma luta a ser travada contra essas forças do mal, que buscam nos separar e destruir a comunhão à que fomos chamados a viver a dois. Esse combate é constante, mas também comporta sofrimentos e renúncias. Não olhemos apenas para o sofrimento, mas para a glória eterna com que Deus nos revestirá se resistirmos ao mal até o fim, com perseverança, sobriedade, fé, minoridade e humildade.

Proposta

Rezar juntos o terço, pois Maria nos ajudará a afastar o mal de nosso caminho.

117

1 João   3,18-24

Devemos amar com obras e de verdade

Filhinhos, não amemos com palavras nem com a língua, mas com obras e de verdade. É assim que conheceremos quem somos de verdade, e diante de Deus tranquilizaremos o nosso coração. Pois se o nosso coração nos acusa, maior do que o nosso coração é Deus que sabe tudo. Caríssimos, se o coração não nos acusa, temos confiança em Deus, e tudo o que lhe pedirmos receberemos, porque guardamos seus mandamentos e fazemos o que é do seu agrado. O seu preceito é que creiamos no nome de seu Filho, Jesus Cristo, e nos amemos uns aos outros, conforme o mandamento que nos deu. Quem guarda seus mandamentos permanece em Deus, e Deus nele. Pelo Espírito que nos deu, sabemos que ele permanece em nós.

MEDITAÇÃO PARA O CASAL

O amor é o mandamento de Jesus. É esse amor que dá sentido aos nossos atos, à nossa vida. Sem amor não há vida. Mas não é qualquer amor; trata-se de um amor verdadeiro, operante. Belas palavras nem sempre expressam esse amor. O amor é operante. Obedecer a Deus é colocar o amor em primeiro lugar. O resto é consequência. Na vida a dois, o cônjuge é meu próximo mais próximo. Amando-o, amo a Deus. O "vede como eles se amam" é a expressão mais eloquente desse amor. Amar envolve a pessoa por inteiro: corpo, alma, espírito... Precisamos amar "com obras e de verdade".

Para aprofundar

- Existe discordância entre minhas palavras e meus atos?
- Quantas vezes pedi a Deus para amar como Ele ama?
- Diante de Deus podemos apaziguar nosso coração. Um bom ato de contrição ou uma confissão podem ajudar nossas necessárias reconciliações!

118

1 João   4,7-12

Deus é amor

Caríssimos, amemo-nos uns aos outros, porque o amor vem de Deus, e quem ama nasceu de Deus e conhece a Deus. Quem não ama não conheceu a Deus, porque Deus é amor. Foi assim que se manifestou o amor de Deus para conosco: Deus enviou ao mundo seu Filho unigênito, para que tenhamos a vida por meio dele. Nisto consiste o amor: não fomos nós que amamos a Deus, mas foi ele que nos amou e enviou o seu Filho para pagar pelos nossos pecados.

Caríssimos, se Deus nos amou assim, também nós devemos amar-nos uns aos outros. Ninguém jamais viu a Deus. Se nos amarmos uns aos outros, Deus permanece conosco e seu amor é perfeito em nós.

MEDITAÇÃO PARA O CASAL

Deus é amor. Todo amor procede de Deus. Nosso amor matrimonial vem de Deus. Ele é seu autor, seu Criador. Quem ama, com espírito desinteressado, se interessa pelo bem do outro, por Deus, mesmo às vezes sem sabê-lo. A vocação para o amor está inscrita no coração humano, e todos sabem, por experiência, que amar faz a pessoa ser feliz. Mas Jesus nunca disse que amar é fácil. O que Ele disse é que Deus nos amou por primeiro, e que esse amor "primeiro" funda todo amor humano, mesmo imperfeito. Nosso amor se torna perfeito se deixarmos que Deus nos ame. O amor supremo é a própria oferta de Jesus na cruz. Na vida a dois, às vezes, faz-se necessário dar o primeiro passo na direção desse amor.

Para aprofundar

- Estou disposto a sair de minha zona de conforto para ajudar o outro?
- Procure buscar o amor de Deus no momento da tristeza, da desesperança!
- Deus nos deu seu filho único para curar nossas infidelidades. Será que já tomei consciência desse grande dom?

119

1 João 4,16-21

Amar com o mesmo amor de Deus é doar a própria vida

Nós conhecemos o amor que Deus tem por nós, e nele acreditamos. Deus é amor, e quem permanece no amor permanece em Deus, e Deus nele. Nisto consiste a perfeição do amor em nós: que tenhamos plena confiança no dia do julgamento. Pois assim como ele é, assim também somos nós neste mundo. No amor não há temor, pois o amor perfeito joga fora o temor. Temor supõe castigo, e quem teme não é perfeito no amor. Nós o amamos, porque ele nos amou primeiro. Se alguém disser: "Amo a Deus", mas odiar o seu irmão, é mentiroso. Pois quem não ama o seu irmão, a quem vê, não pode amar a Deus, a quem não vê. Recebemos dele este mandamento: quem ama a Deus ame também o seu irmão.

MEDITAÇÃO PARA O CASAL

Amar a Deus e amar seu cônjuge é o mesmo amor. Não existe concorrência nem rivalidade entre essas duas formas de amor. Quanto mais amo a Deus, mais vou amar meu cônjuge, com esse amor delicado, cheio de ternura e compaixão, que aceita que o outro seja *outro*, limitado, imperfeito, pecador. Esse amor é dom de si: Deus não cessa de doar-se, de doar sua vida, seu Espírito, sua alegria, seu amor, seu perdão. O amor nada retém para si. A medida do amor é dar-se sem medida. Sim! O amor bane o medo: o outro me assume como sou, sem querer modificar-me, transformar-me. Tenho o direito de ser como sou!

Para aprofundar

- Existem coisas em meu cônjuge de que não gosto?
- Seus limites e defeitos revelam em mim os meus?
- Como posso pedir a Deus para afastar minhas limitações?

120

Apocalipse
19,1-9

Felizes os convidados para o banquete das núpcias do Cordeiro

Depois ouvi uma voz forte, como de multidão numerosa no céu, que dizia: "Aleluia! A salvação, a glória e o poder pertencem ao nosso Deus, porque os seus julgamentos são verdadeiros e justos. Julgou a grande prostituta que corrompia a terra com sua prostituição. Nela vingou o sangue de seus servos". E pela segunda vez disseram: "Aleluia! A fumaça da cidade sobe pelos séculos dos séculos". Então os vinte e quatro anciãos e os quatro seres vivos prostraram-se e adoraram a Deus, que está sentado no trono, dizendo: "Amém! Aleluia!"

Do trono saiu uma voz que dizia: "Louvai o nosso Deus todos os seus servos e todos os que o temeis, pequenos e grandes". Ouvi depois algo semelhante à voz de grande multidão, como o ruído de muitas águas e como o ribombar de fortes trovões, que dizia: "Aleluia! Sim! O Senhor nosso Deus, o Todo-poderoso, estabeleceu o seu reino. Alegremo-nos, exultemos e lhe demos glória, porque se aproximam as núpcias do Cordeiro. A Esposa está preparada. Foi-lhe dado vestir linho brilhante e puro, pois o linho são as obras justas dos santos". E ele me disse: "Escreve: Felizes os convidados para o banquete das núpcias do Cordeiro". E acrescentou: "Estas são as verdadeiras palavras de Deus".

MEDITAÇÃO PARA O CASAL

As "núpcias do Cordeiro": grande festa em que Deus convida a humanidade inteira, lavada de seu pecado e purificada, a deixar-se esposar por Ele. Grande banquete das núpcias prefigurado por nossas festas humanas nas quais celebramos entre amigos e familiares o nosso casamento, os nossos aniversários de casamento. Por isso é importante preparar bem nossas festas, que também são "um louvor a Deus" por suas "grandes obras". O casamento é a participação na obra da salvação de Cristo, resposta a um chamado específico, vocação à santidade. É uma forma de dizer "sim" a Deus, e de preparar-nos para dizer "aqui estou" a este convite de participar do banquete das Núpcias do Cordeiro. Sim! Felizes somos nós por termos sido convidados às Núpcias do Cordeiro!

Para aprofundar

- Que experiência tenho da oração de louvor?
- A esposa é a Igreja, isto é, cada um de nós pelo Batismo, quando vivemos realmente os sacramentos, quando nos dirigimos a Deus, quando agradecemos nosso casamento.
- "Felizes": sim, sou feliz por ter sido convidado por Deus a participar de sua festa. Meu casamento é uma ocasião de participar dessa festa das Núpcias do Cordeiro. Agradeçamos por isso!

Índice temático

Deus e o povo
Bênção de Deus sobre o casal: 5, 8, 10, 12, 16, 18, 20, 21, 50, 110.
Deus no centro do casal cristão: 9, 11, 20, 34, 40, 57, 65, 87, 91, 110, 113.
Ternura e misericórdia de Deus: 17, 18, 19, 22, 42, 118.
Fidelidade de Deus: 17, 22, 31, 41, 47, 48, 49, 56, 96, 118.
Antiga Aliança: 4, 10, 16, 17.
Corresponsabilidade do casal na criação: 4, 23.
Amor incondicional de Deus pelos casais: 47, 48, 49.
Amor esponsal de Deus por cada cônjuge: 29, 40, 47, 48, 49.
Deus consola: 14, 42, 44, 45, 48, 51.
Convite à felicidade eterna: 40, 49, 59, 120.
Casamento inserido na Nova Aliança: 53, 64, 78, 104, 105, 120.
Casamento, uma consagração: 10, 103, 104, 110, 113, 118.

Fundamentos antropológicos bíblicos
Diferença entre homem-mulher: 1, 25, 37, 114, 115.
Convite à fecundidade: 1, 20, 75.
Liberdade dos cônjuges: 8, 24, 31.
Casamento, um ato social: 8, 110.
Indissolubilidade do amor e do casamento: 44, 71, 74, 96.
Fidelidade dos cônjuges e engajamento: 12, 26, 30, 35, 97, 103.

Vida a dois
Construir a unidade do casal: 2, 71, 74, 79, 80, 95, 102, 105, 108, 115.
Deixar os pais: 2, 5, 8, 80.
Honrar os pais: 33.
Honrar o domingo na vida a dois: 46.

O amor conjugal é um trabalho: 12, 14, 29, 31, 59, 68, 72, 90, 103, 117.
Alegria da vida em família: 21, 51.
Castidade: 24, 63, 99, 109.
Lugar do trabalho na vida a dois: 32, 41, 43, 45, 59, 66, 70, 103.
Comunicação, diálogo conjugal: 36, 64, 98, 112.
Papéis e funções na vida a dois: 37, 92.
Alegria do amor: 38, 59, 93, 98, 106, 120.
Cuidado: 52.
Correção fraterna no casal: 54, 69, 85, 112.
Deus ordena amar: 76, 78, 83, 86, 93, 117.

O casal ferido
Espírito de independência: 3, 34.
Acusação mútua: 3.
Infertilidade: 5, 7, 30.
Ciúme, infidelidade: 7, 12, 24.
Viver a própria raiva com razoabilidade: 22, 107, 111.
O casal pode ofender gravemente a Deus: 15, 56, 62, 66, 107.
Adultério: 15, 24, 56.
Ferimentos do casal: 39, 41, 43.

Cada casamento é uma história de salvação
Procurar a vontade de Deus: 5, 11, 16, 17, 18, 30, 34, 52, 87, 94, 113.
Meditar juntos a Palavra de Deus: 9, 65, 73, 108.
Viver o perdão a dois: 34, 43, 56, 62, 64, 72, 84, 85, 89.
Deus salva o casal: 11, 15, 19, 42, 45, 47, 51, 53, 56, 65, 66, 67, 91, 118.
Dominar as paixões: 24, 28, 34, 35, 36, 63, 64, 99, 107, 111,
Doação de si, espírito de serviço: 31, 69, 70, 84, 92, 94, 100, 105, 119.
Confiança em Deus: 13, 30, 32, 58, 71, 73, 88, 96.
Louvor, gratidão do casal: 13, 16, 17, 23, 43, 56, 64, 67, 72, 83, 84, 85.
Amar como Jesus, sempre, até a morte: 26, 31, 69, 77, 90, 92, 100, 102, 117, 119.
Viver a vida a dois no Espírito Santo: 55, 58, 87, 101, 106.
Convite a testemunhar o amor: 61, 78, 79, 93, 94, 95, 105.
Maria, Mãe da Esperança para os casais: 81, 82, 91.